年収８４０万円とか１０００万円を稼ぐ

風俗起業マニュアル

ぱる出版

はじめに

ビジネス超初心者でも儲かる「デリヘル起業」とは？

ごっつぁんです！

ぽちゃデリＦＣグループ代表の「ちゃんこ＠ナベオ」です。

本書を手に取ってくださり、ありがとうございます。


この本はちょっと変わった起業本です。

今、本屋さんに行くと、ありとあらゆる起業の本が並んでいます。

ネット通販で起業する、輸入代行を始める、喫茶店のオーナーになる、ペットで起業する、心の悩みを聞いてあげる人になる、趣味を活かして何かを教える、セミナー講師になる、不動産オーナーになる……。

しかし本書は、あらゆる起業本とは一線を画しています。

それは、今までのありふれたデリヘル開業本ではなく、ＦＣオーナーとして〝勝ち馬〟に乗った状態で風俗起業する本です。

少しびっくりしたかもしれませんが、風俗で起業することはブルーオーシャン（ライバルと食い合うことのない市場）で、実はとても旨味のある方法です。

風俗にはソープランド、ファッションヘルス（箱ヘル）、オナクラ、ピンサロ、セクシーパブ（セクキャバなど）、キャバクラ（ホストクラブも含む）、メンズエステ、リフレ系、ありとあらゆる性サービスがありますが、僕が本書で皆さんにおすすめしたいのは、デリバリーヘルス（以下、デリヘル）での起業です。

デリヘル以外の風俗は基本的には店舗を構え、たくさんの女の子をキャストとして抱え、備品を揃え、従業員もたくさん雇う必要があります。そして中には、法律上は飲食店なのに法律スレスレで性サービスを提供する〝グレー〟なところもあったりします。

ですが、デリヘルは極端な話、スマートフォン1つでスタートできてしまいます。他の業態が数千万円の開業資金が必要なところを、小資本でもスタートできてしまえるのです。

ちなみに、風俗＝脱法と考えている方もいるかもしれませんが、風俗の中でもデリヘルは最も健全な性サービスと言えます。1998年に国がその存在を認め、届出制によって通常店舗として法律の範囲内で運営されているのです。

つまり、合法なのです。

パチンコ店は未だに景品交換がグレーですが、デリヘルは業界の中でもトップクラスの、健全なサービス業と言えるでしょう。


開業資金はたった300万円。とりあえず年収1000万円！


ちなみに僕のぽちゃデリFCグループでは、現在130店舗のFC店を作り、運営していますが、**コロナ禍の中でも潰れることなく、むしろその前の約80店舗から90店舗増やして営業しています。**

それくらい不況に強いビジネスです。

さらに店が黒字化してくると、毎月、実益で100万円以上の利益が残ります。僕の作った店の月の平均の粗利は200～250万円です。

130店舗中、年収1000万円の店舗は約80店舗もあります。

中には、たった1人で30店舗を持っている元フリーターもいます。

スタートして初月から黒字化できたFCオーナーもいます。

元々はキャストだったのに、店長になって、FCオーナーにステップアップした女性もいます。

さらに、経営者が副業で始めて、複数店舗を経営しながら、同時に経営者同士で共同経営をしている店舗もあります。

開業資金は、たった300万円もあればスタートできます。たった300万円の投資で年収840万円とか1000万円が実現できる（第4章参照）、そんなビジネスが他にあるでしょうか？

本書は、あなたがデリヘルのFCオーナーとして成功する方法を教える、日本初の本です。

ちなみに、僕が作ったデリヘル130店舗中の9割以上のFCオーナーが、業界完全未経験からの経営スタートです。そして、ほぼ全員が新規事業で成功しています。

通常、風俗業は競争が激しく、なかなか参入できないと言われていますが、たった1つの例外がデリヘルなのです。

この本では、デリヘルの開業の仕方から、女の子への指導、システムづくりや運用の方法まで、すべてを手に取るようにお伝えしたいと思います。

不況で多くの会社が倒産し、サラリーマンの仕事がなくなりました。

新しい時代を生き残るため、男の人生を変えるやりがいのある仕事の1つとして、ぜひデリヘル経営を選択肢に加えてください。

デリヘル経営は難しくありません。

クールに、そして堅実に経営をすれば、年収1000万円は軽く稼ぎ出すことができます。

さらに、2店舗、3店舗と出店すれば、それが何倍にも膨れ上がるというわけです。タワマン、高級車、海外旅行、老後の安定生活はすぐそこです。

渋谷史上初「ぽっちゃり系」の出店でリーマン不況から脱出

ここまで読んでみて、もしかしたらこんな風に思ったのではないでしょうか。

「そんなうまい話があるかよ」

その気持ち、わかります。特に風俗での起業となると、二の足を踏んでしまうと思います。合法で健全な経営を心掛けるとはいえ、やはり後ろ暗いものを感じてしまうのも無理はありません。

ですが、本書でお伝えする風俗経営の方法は、僕は10年のぽっちゃりデリFC経営で培ったノウハウ、さらにはトータル15年間の風俗経営の間にあった成功や失敗を踏まえて構築した「ぽっちゃりデリヘル成功マニュアル」をベースとして書かれています。

このマニュアルをもとに数々のFCオーナーたちが実践し、成功しています。

僕がこの本を書きたいと思ったとき2019年、FCの店舗数は26店舗でした。

そして、1年後の2020年には、16店舗を新規にフランチャイズ出店させ、42店舗に。コロナ禍の中でさらに店舗を増やして、現在は130店舗（2023年3月現在）。

なんと、コロナ禍でも毎月順調に新店をオープンさせているのです。

このぽっちゃりデリヘルのお店の第1号店は、2010年に渋谷でオープンしました。ちょうど、2008年のリーマン・ショック後の深刻な不況の真っ最中でした。

リーマン・ショックでは、風俗業界も大きな打撃を受けました。

例えば、これまでホテル代を含み、60分で約2万円が相場であったホテヘルは、リーマン・ショック後に約20~30%の相場下落が起こり、60分で1万5000円くらいの価格帯となりました。

また、60分5000円の激安店が台頭しはじめ、実に80%近い相場下落が起こっていたのです。

このリーマン・ショックが起こる少し前の2005年、僕は23歳で初めて起業しています。第1号店はスタンダードな素人専門のホテヘルで、出店した場所は新橋でした。

この新橋店は黒字でしたが、その後、錦糸町に高級ドレスデリヘルを出店し、大失敗しました。経営理念も当時はなくただ、安く買ったドレスをキャストさんに着せただけの店。さらに元風俗店店長経験者にお店を一任し放置した結果です。

そして、2007年には、新橋店と同屋号の2号店を渋谷に出店し、これも非常に苦労しました。多すぎる競合店、3000万円の追徴課税、共同経営者であった友人の裏切りなどの三重苦を抱え、さらにリーマン・ショックが起きてしまったわけです。

僕は円形脱毛症になるほど疲弊し、「自殺」という言葉が頭をよぎることがありました。

そんなとき広告代理店の方の助言もあり、いっそ開き直って、あえて隙間を狙って「ぽっちゃり・巨乳専門のデリヘル店」で再挑戦してみようと思いました。

これが「ちゃんこ第1号店」です。

この当時、渋谷という街に「ぽっちゃり」というジャンルはまだありませんでした。つまり、僕が渋谷史上初の「ぽっちゃり専門店」を出店したというわけです。

渋谷は当時で言うギャル系の女性など、キラキラした流行に敏感な人間が集う街です。そんな中で、あえて「ぽっちゃり」を出店しよう、と思う人はいませんでした。

この逆転の発想で出店した第1号店は、半年で黒字になりました。

そこから10年でＦＣ展開を実現し、現在に至っています。本書は、その成功の法則をまとめた本です。

ちなみに、ＦＣ店第1号のオーナーは僕の同級生で、元フリーターの男性でした。彼は現在、グループ全体でも筆頭を誇り、30店舗のＦＣオーナーになっています（成功したＦＣオーナーたちの一例は第2章でお伝えします）。

デリヘル経営は経験も知識もノウハウも、すべてがゼロでも誰でもできます。

僕が10年近く培ったノウハウを提供するので、失敗のしようがないのです。

今、サラリーマンをやっているあなたにも、夢はきっとあったはずです。

「昔はミュージシャンの道を目指していたけど、売れないから真面目に働くことにした」とか。

「サプリメントのアフィリエイトをやってみたけど、全然儲からなかった」とか。

そういう人生が悪いとは言いません。

ですが、たった一度の人生。どうせ生まれてきたなら大きく花を咲かせるロマンを夢見てみるのもいいのではないでしょうか?

起業しようと思ったら見込み客リストや積極的な営業活動、独自の商品・サービスやそれを広めていくための人脈、立地のいい物件、1000万円規模の開業資金など、必要なものがたくさんあります。

ですが、デリヘル経営で必要なものは本書のマニュアルのみ。

それで今まで諦めていた夢は全部、叶います。

「自分らしく生きる」

「成功して大金を手に入れる」

「女性からモテモテになる」

そのようなあなたの夢を、ぜひページをめくって手に入れてください。

『年収８４０万円とか１０００万円を稼ぐ、風俗起業マニュアル』目次

第2章 デリヘル起業は「ぽちゃデリ」が一番いい

第3章 最速3週間でぽちゃデリFCは開業できる

第4章 儲かるデリヘルの店長の「運営力」

第5章 ぽっちゃり女子を幸せにする店長の「管理力」

第6章　こんなときどうする？　デリヘル開業FAQ

第7章 全国のぽっちゃり女子を救いたい

第1章

男と女がいる限り、風俗業はなくならない

風俗業は世界最古のビジネスモデルだった

古今東西、世の中にはさまざまな職業があります。

製造業、物流業、不動産業、土木業、建設業、飲食業、理美容業、小売業、ＩＴ業、道路や鉄道などのインフラ全般に関わるサービスを提供する仕事……など、時代が進むにつれて新しく起こるものや衰退していくものもあり、また細分化していけば枚挙に暇がないほどの数の職業があります。

その中でも、最古の職業の１つと言われているのが「風俗業」です（他にも医者、傭兵、占星術師や聖職者、羊飼いなども最古の職業として挙げられます）。

史上初めて国家としての管理売春を公認したのはギリシャのソロンと言われており、国家が女性奴隷を購入して、ディクテリオンという売春施設へと入れていました。ある意味で公共サービスの一環だったわけです。

その後、キリスト教の布教で売春を行う人たちは〝淫らな者〟という風にイメージングがなされましたが、一方で国家は公序良俗を保つため、さらに税収を確保する手段として禁止と公認を繰り返してきた歴史があります。

他にも、古代メソポタミアの巫女には、人々に神の活力を授けるために性交渉を行う神殿娼婦としての風習があったと言われています。これは宗教上の儀式として神聖な売春とされ、「神聖売春（神殿売春）」と呼ばれました。

古代メソポタミアのイシュタル、古代ギリシャのアフロディーテ、北欧神話のフレイヤなど、「愛と美を司る女神」が多くの神話内で性に奔放な姿で描かれているのも、こうした神殿娼婦の影響によるものと考えられています。


また日本では、有名な東京の「吉原」があります。

江戸時代に作られた公許の遊女屋が集まる幕府公認の遊郭で、売春防止法が施行されてからも形を変えて生き残り、現在は日本最大のソープランド街として有名です。これに北海道札幌市の「すすきの」、岐阜県岐阜市の「金津園」、滋賀県大津市の「雄琴温泉」、福岡県福岡市の「中洲（南新地）」を加えて、日本五大ソープ街とも言われています。

他にも、現在では男性のみが演じる歌舞伎も、創世記は「女歌舞伎」だったと言われています。

ちなみに歌舞伎は、江戸時代に入ってから「出雲の阿国」率いる若い女優の一団が行った興行がその起源とされています。その後、歌舞伎の踊りは遊女屋で取り入れられ、遊女歌舞伎としてわずか10年程度で全国に広まりました。

役者だった人たちはみんな遊女＝売春婦で、芝居のあとには売春が横行していたそうです。後にこれは規制され、現在の「野郎歌舞伎＝男だけの歌舞伎」へと姿を変えていきます。

このように日本や海外の歴史を少し紐解いてみるだけでも、世界にはさまざまな風俗ビジネスが存在していることがわかります。

もちろん、風俗の世界に身を染める人たちにはそれぞれの事情があるでしょう。また、風俗業＝低俗な職業という認識が一般的なことも否定できません。

ですが、それこそ人類が文明を築いた頃から必要とされてきた職業であり、現在もなくなることのない仕事として、絶対に必要なビジネスモデルであることもまた否定できないのです。

エロは文明を進化させてきたファクターの1つ

風俗業——つまり、エロの世界は、単にビジネスモデルとしてではなく、人類の文明を進化させてきた重要なファクター（要因）の1つでもあります。

僕たちの身近な家電の1つに「ビデオ」があります。

今ではすっかり使われなくなりましたが、かつて家電ビデオ業界は日本ビクター社製のＶＨＳとソニー社制のβマックスがしのぎを削る「ＶＨＳ／ベータ戦争」が繰り広げられていました。

この軍配はＶＨＳに上がるのですが、この要因の1つに「ＶＨＳが家庭に普及することになったのはアダルトコンテンツに強かったから（裏アダルトビデオがＶＨＳでたくさんあったから）」というものがあります。

都市伝説レベルと読み流していただいても構いませんが、その後、ビデオからＤＶＤの世界になってからも、その爆発的普及の背景にはアダルトＤＶＤの存在があったのではないかと僕は考えています。

他にも、インターネットも家庭での普及に一役買ったのがエロだと僕は考えています。

これはＶＨＳと同じ理屈で、パソコンとネットさえつながっていればアダルトソフトを購入できる、アダルトサイトを簡単に閲覧できる環境が、それを求める人々の欲求によって加速していった結果だと考えているのです。

２０１６年頃から「PlayStation VR」などの製品で、新たに市場に登場したＶＲ（ヴァーチャル・リアリティー）デバイスも、当たり前のようにエロ市場を巻き込んでいます。アダルトＤＶＤはアダルトVRに形を変えて今日の人々の欲求を満たしています。

強引かと思われるかもしれませんが、単に物理的なもの以外にも、実際に経営をしていて思うのは、エロは人々の活力につながっている、ということです。

特に男性（あまり限定したくはないのですが）は、エロのために仕事をがんばっている人が少なくありません。

僕の経営する店舗でも、給料日に多い毎月25日になると、店の売上は2割アップします。これは客単価ではなく客数が増えているもので、純粋に利用する人が増えていることを示しています。また、年齢層も幅広く、最年長で80代の男性が利用することもあり、エロに年齢制限はないのだと思い知らされます。

風俗利用でなくても、例えば給料が入ったらアダルトDVD（アダルトVR）を買ったりする人もいるでしょう。そもそも、風俗という考えを除けてみても、女性を口説くために仕事をがんばる側面が男性にはあると思います。女性には、それだけ男にやる気を出させる側面があり、その一要因にエロがあるのだと僕は考えます。

つまり、エロは人類の活力であり、エロがあるから何かをがんばれたり、新しい何かを生み出し、人類の文明を進化させている大きなファクターだと考えられるのです。

誰も知らない起業の方法が風俗だった

風俗業がなくなることのない、絶対に必要とされるビジネスモデルとは言え、一般的なイメージからすると、反社会勢力の人がやっていたり、一般企業に見えてもそのバックには怖い人たちがいるようなイメージがあると思います。

また、起業ということから考えても、夜のビジネスはその道で何年もやってきて、精通している人だけができるビジネスで、一般の人にとっては昼職のまっとうなビジネスこそが「起業」のようなイメージがあるかもしれません。

ですが、決してそんなことはありません。むしろ、そのような先入観に隠されて、実は誰も考えない起業の方法が風俗業です。

確かに、風俗起業は簡単ではありません。

立地のこと、知名度アップやホームページの管理、女の子の募集と管理、集客、法律に関することなど、実際の業務や勉強しておくべきことはたくさんあります。

今から10年ほど前に法律の改正でちょっとした風俗デリヘル起業ブームが起きました。「誰でもできる」「お金をかけない」というキャッチフレーズで風俗デリヘル開業マニュアル本がたくさん出版され、参入者が増えた時期がありました。僕自身、このくらいの時期に参入した１人なので、その頃のことはよく覚えています。

ほとんどの人がまともな経営のことを知らなかったり、ちゃんと経営していても女の子集めやホームページ管理、お客様集めなど、やることがたくさんあって、ちゃんと経営のことがわかっている人でも苦労をしたり、そうでない人はすぐに潰してしまって大手に吸収されたりするケースが頻発しました。

苦労しながらでも経営し続けられた、本当に有能な人しか残りませんでした。

ですが、本書では僕は10年間、店を潰してしまったり、共同経営者に裏切られたり、女の子に逃げられたり……と苦労を重ねる中で構築してきた、風俗起業ができるマニュアルをお伝えします。

このマニュアル通りにやれば、３００万円を元手にサラリーマンでもフリーターでも、もちろん経営者の新事業としてでも風俗経営をスタートし、しかもたった3カ月で黒字化ができます。

くり返しになりますが、風俗起業は簡単ではありません。ですが、攻略本もまた存在するのです。誰もやろうとしなかった新しい風俗起業を本書で学んでもらいたいと思います。

こんなにある！エロで開業する風俗起業

そんな、人間の基本的欲求であるエロで開業する風俗起業。

そこにはどのようなものがあるのか？　ページの関係上、一部ではありますが、風俗店や風俗営業の店の系統別でお伝えしていきましょう。

店舗型性風俗特殊営業店＝風俗店

◆ソープランド

「風俗の王様」とも言われるソープランドは、風営法に定める店舗型性風俗特殊営業店で、2019年の時点で約1200店あります。

浴槽のある部屋でコンパニオンが男性客に対して性的なサービスを行ってくれ、風俗の中で法律上唯一、本番行為（セックス）が黙認されています。

というのも、日本では1958年の売春防止法の制定から売春は違法となり、風俗での本番行為は違法になりました。

ですがソープランドの場合は、お客は入浴しに行っているだけで、コンパニオンと世話をしてもらっているうちに恋愛関係になりセックスに至るだけで、あくまでお店が管理しているのは「入浴だけ」だからです。

◆ファッションヘルス（箱ヘル）

ファッションヘルスはソープランドと同じく店舗型性風俗特殊営業店で「箱ヘル」とも呼ばれる店舗型の風俗店です。コンパニオン（接客する女性）が男性客に個室にて性的サービスを提供します。

ソープランドのように本番行為は許されません。ですので、手コキやフェラチオ・素股などで最終的に射精へと導きます。

ちなみに「ファッションヘルス」は和製英語です。

◆その他の店舗型性風俗特殊営業店

他にも、店舗型性風俗特殊営業店に該当するものに「個室ビデオ店」「ストリップ劇場」「ヌードスタジオ」「ラブホテル」「レンタルルーム」「モーテル」「アダルトグッズ・ショップ（通信販売の無店舗型も含む）」「出会い系喫茶」がありますが、本書の内容とはあまりに乖離するために、割愛します。

無店舗型性風俗特殊営業店＝風俗店

◆デリバリーヘルス（派遣型ファッションヘルス）

本書の本懐でもある「デリバリーヘルス（以下、デリヘル）」は派遣型のファッションヘルスで、出張ヘルスとも呼ばれます。基本的に利用者を迎え入れるための店舗がありません。ですから、「無店舗型」のカテゴリーに入ります。

事務所にて電話やインターネットによる受付のみを行い、コンパニオンを派遣するのが特徴で派遣先は利用者の自宅や、ラブホテルを利用します。

デリヘルには多様な種類があり、美人系、人妻系（中高年女性）、素人系、ぽっちゃり系（太っている女の子）、ガリガリ系（痩せている女の子）、高身長系、地雷系（ブス、高齢女性）など、デリヘルの中にさまざまな〝方向性〟があるのです。

他にも、最近は女性が利用する「出張ホスト」「レズビアン・デリヘル（コンパニオンを女性客が利用する）」も増えており、風俗利用の垣根が、かつての〝男性だけのもの〟ではなくなっていることを示しています。

◆オナニークラブ（オナクラ）

オナニークラブ（以下、オナクラ）は、「見るだけ風俗」とも呼ばれる風俗店の1つです。個室内で男性客がオナニー（自慰行為）をしている様子をコンパニオンに見てもらうサービスです。コンパニオンは基本的に着衣のままで裸にならず、会話などもないのが一般的ですが、オプションによっては手コキやフェラチオや相互オナニー鑑賞もあるようです。

その他の「風俗営業」に類するもの＝非・風俗店

◆ピンクサロン（ピンサロ）

ヘルスに似た性的サービスを提供する風俗店がピンクサロン（以下、ピンサロ）です。コンパニオンがフェラチオなどの性サービスで接客をしてくれ、お酒やソフトドリンクを飲むこともできます。

ただ、注意してもらいたいのですが、ピンサロは、店舗を構えて性的サービスを提供する。という事からファッションヘルスと同じ位置づけになります。店舗によっては、ファッションヘルスの手続を踏み、ピンクサロンを営業しておりますが、多くのピンサロは、社交飲食店の許可（キャバクラと同じ許可）を取得して営業されています。社交飲食店の許可で性的サービスの提供は、できませんので、非常に危険です。

カテゴリーとしては、このあとに紹介するキャバクラと同じ「社交飲食店＝接待をする飲食店」です。当たり前ですが、お酒やソフトドリンクなどの〝飲食〟はあっても、本来は、性サービスは含まれていません。また個室ではなく、隣が覗けるような吹きさらしの店内構造です。

にもかかわらず、性サービスを受ける目的の利用者がいるので、非常にグレーです。

◆セクシーパブ

セクシーパブはコンパニオンが男性客の横で接待し、飲食に加えて体を触らせるサービスを提供する〝飲食店〟です。もうおわかりかと思いますが、これも性サービスを提供しないので、ピンサロとカテゴリーは同じです。

ピンサロと異なるのは射精させる「抜きサービス」がないことですが、一部にはプラスαでそういうサービスを提供している店もあり、そういう店は「抜きキャバ」などと言われます。

セクシーパブには他にも呼び方があり、「セクシーキャバクラ（セクキャバ）」「おさわりキャバクラ」「おっぱいパブ（おっパブ）」「ランジェリーパブ（ランパブ）」「逆セクキャバ＝コンパニオンが男性客を触る」など、サービスの種類やコスチュームによってさまざまな呼び方をします。

ちなみに、抜きキャバは性サービスがあるため、非常にグレーです。

◆キャバクラ

ご存知の方も多いと思いますが、キャバクラは「キャバ嬢」と呼ばれるコンパニオンが客席について接待を行う飲食店です。最近では新型コロナウィルスの影響で、インターネット上で接客する「ネットキャバクラ」というものも出てきています。

他にも、男女の立場が逆転した「メンズキャバクラ」や「ホストクラブ」も、このカテゴリーに入ります。

風俗営業として公安委員会への営業許可の届出が必要で、キャバクラは社交飲食店に該当します。社交飲食店は風俗営業の一種（風俗営業の1号営業）です。

◆メンズエステ

メンズエステは男性向けのエステティックサロンで、一般的には痩身や脱毛エステなどを指すかと思いますが、本書は風俗起業の本ですので、風俗店としての側面でお伝えします（もちろん、一般的な男性用エステティックサロンも存在します）。

個室にて、女性セラピストが紙パンツ一枚の男性客に対してリラクゼーション・エステを行います。「マッサージ」と言いたいところですが、マッサージは「按摩マッサージ指圧師」の国家資格が必要なので、あくまで「エステ」と記載する店がほとんどです。

メンズエステも基本的に性サービスはありません。

◆リフレ系

リフレ系とは、リフレクソロジー（以下、リフレ）を施す店舗で、さまざまなコスチュームをしたコンパニオン（特に10代後半～20代前半の若い女性）が肩や手足を揉んだりしてくれます（マッサージではありません）。

第71回カンヌ国際映画祭でパルム・ドール（最高賞）を獲得した是枝裕和監督の日本映画『万引き家族』にて、女優の松岡茉優さん扮する柴田亜紀が「JKリフレ」に勤めていたことでメジャーになりました。

店舗型と無店舗型があり、JKを売りにしたお店では、店舗型・無店舗型それぞれ特定異性接客営業等の規制に関する条例に基づく届出が必要となります（風営法の届出をした場合は、除外になります）。多くの自治体で、条例で規制されております。

デリヘルやセクパブと同じように、リフレ系もさまざまな呼び方があり、コンパニオンが「耳かきをしてくれる＝耳かきリフレ」「添い寝をしてくれる＝添い寝リフレ」「メイドのコスプレで揉んでくれる＝メイドリフレ」などがあります。

また、児童買春に発展するケースが多かったために警察の摘発があり、18歳未満が働けないよう「JK＝女子高生」を示唆するリフレやそれに類するJKビジネスは、今や表舞台からは姿を消しています。

「風俗営業」に該当しないもの＝飲食店

◆ガールズバー

キャバクラに似たものとしてガールズバーがありますが、これは厳密には風俗営業ではなく「飲食店」に分類されます。

コンパニオンは接客を行いますが、カウンター越しであっても特定のお客さんに接待する接客を行う場合には、社交飲食店の許可が必要となり、許可を取得した場合は、深夜帯から日の出までの時間帯で営業する事は出来ません。キャバクラやホストクラブのように隣に座ったり、タバコをに火を点けるなどの接客は行いません。

飲食店でも「ショットバー」に類するもので、店員が渋いマスターではなく、かわいい女の子たちなのがガールズバーの特徴です。

ガールズバーもさまざまな呼び方があり、「コスプレバー（制服やアニメ衣装など）」「メイドバー」「和服バー」「SMバー（女の子がSMの女王様の格好をしていて、ドSな接客をする）」「セクシー系バー（パンチラしそうなセクシーな衣装や、水着）」「ガールズ居酒屋（ホールスタッフが全員女性で、会話などの接客やダンスのパフォーマンスがあったりもする）」など、コンセプトによって多種多様です。

風俗起業はどの業態で開業すべきか?

ざっと挙げただけでもこれだけある風俗起業。

ではその中で、いったいどの業態で開業すべきなのでしょうか?

先に答えを言ってしまうと、おすすめは「デリヘル」です。本書はそのための書籍ですし、逆にハードル的にも最も低く開業できるからです。

例えば、ソープランドやファッションヘルスの場合、新規出店はほぼ不可能です。出店エリアが限られている事が理由です。補足:店舗型性風俗営業の新規出店可能エリアは、条例によりごく一部に限られているため、新規開業はかなり敷居が高くなっています。

さらに、新しく建物を建てるには億単位の予算が必要になります。売りに出されている物件(新型コロナウィルスの影響で潰れたソープランドが売りに出されていますが、それでも数千万円です)を購入し、新たなオーナーになる方法がありますが、これも元手が大きくかかります。

お金がかかる意味では、ファッションヘルスも同様で、店舗を購入する、もしくはオーナーとして交代しても、毎月の家賃が100万円単位でかかってきますので、イニシャルコスト、ランニングコストともに最初に1000万円以上の資金が必要になります。
ソープランドやファッションヘルスは、一個人がやるものではなく、企業体を成しているところが買収する形でやるのが一般的です。

一方、ピンサロのような社交飲食店の場合でも同じです。お店を用意するだけで30坪ほどの広い物件を借りないといけませんし、内装も考えると、これも1000万円以上コースです。

さらに、先述の通り、ピンサロは非常にグレーです。基本的に性サービスはナシなのですが、実態は……それなら摘発リスクの少ないキャバクラのほうがいいと思いますが、それでも開業にかかる資金は同じく1000万円以上です。これはキャバクラだけでなく、セクシーパブ系も同様です。

また、女の子集めも難しく、キャバクラであれば集まりやすいかもしれませんが、ピンサロの場合はシャワーがなかったり、個室ではないので他の客や店員からも観られたりして、女の子の心のハードルが高いです。

うまくやることができればピンサロは儲かりますが、資金だけでなく、経営のためのノウハウなど、相当な経験や人脈を持っている〝やり手〟でないとうまくいかないので難易度は高いと言えます。

では、ガールズバーはどうかというと、これは風俗店を経営するというよりは、飲食店を経営する観点になってきます。

時給も良く、性サービスもなく、接待的要素も薄くなるので〝時給のいい夜の飲食店〟感覚で人を集めやすく、大学生や若い女の子を集めやすいでしょう。

また、キャバクラが深夜1時までに閉店しなければいけないのに対して、ガールズバーは飲食店なので深夜営業もでき、長時間、お店を開けられるだけでなく、深夜に働きたい・飲みたい層を集めやすいです。

ただ、ガールズバーに関してはとにかく乱立しているのが現状です。

風営法の規制を潜り抜けるため（「接待」の要件をクリアするため）に考え出されたのがガールズバーなので、開業はできても（それでも1000万円単位のお金はかかりますが）生き残っていくとなると難しくなるでしょう。

デリヘルもマニアック系以外はライバルが多すぎる

先項の最初に「風俗起業するならデリヘルで」とお伝えしました。

とはいえ、デリヘルであっても何でもいいのかというと、実はそんなことはありません。

デリヘルは、それこそ数百万円のお金があれば開業できます。必要なのはホームページと事務所とパソコンや電話などの各種備品くらいで、店舗を構える必要はありません。警察に届けを出し、その後、届出確認書が発行された当日から営業開始できます（営業を始める10日前までに手続を済ませればよいのです）。

ただ、開業そのもののハードルが低いため、デリヘルもガールズバーと同様に乱立しており、ありふれたコンセプトの店はライバルが多いため、うまく経営できずにスクラップ&ビルドが横行しています。

デリヘル起業は確かに他の風俗起業と比べて簡単なのですが、そこにも落とし穴があるのです。

長くやるなら〝マニアック系〟を選びなさい

デリヘル起業で落とし穴に落ちないためにはさまざまな注意点がありますが、中でもマニアックに特化していくことは重要なポイントです。オーソドックスなデリヘルは、それこそレッドオーシャン（ライバルが食い合って血の海になっている市場）です。

逆に、ＳＭや高身長、ぽっちゃりやガリガリ、熟女や地雷系などの一部の好事家からのニーズが高いところであれば、明確な差別化ができます。

明確な差別化をしているところで面白い店を1つ挙げるとすると、僕がデリヘル業界でリスペクトしている店の1つで「デッドボール」という店です。

お店のホームページには「レベルの低さ日本一風俗店」と書いてあります。

良ければ一度、ホームページ検索してもらいたいのですが、そこにはおよそ風俗店で働けるとは思えない〝レベルの低い〟コンパニオンたちが並んでいます。

実際にデッドボールは関東圏内に5店舗を出店するデリヘルになっています（2021年11月現在）。

これには「やられた！」と思いました。

このように、マニアックでコンセプトがはっきりしているお店は、ライバルが多いデリヘル業界でも〝特異な存在〟として生き残ることができます。

一般的な感覚だったら「こんな店、誰が利用するんだ？」と思えるものでも、かならずニッチな趣味・嗜好を持っている人がいるからです。そこにターゲットを絞ることによって、ライバルと食い合うことのないブルーオーシャン経営ができるようになるのです。

マニアック系で女の子集めに苦労しないために

さて、デリヘル起業はマニアックがおすすめだとお伝えしましたが、マニアックに攻める場合でも、考えておかないといけないことがあります。

まず、そもそもマニアックな分野はその手のフェチな人たちが利用する業態ですので、そのジャンルの勉強が必要になります。

例えば、高身長の女性が好きな人は、高身長の女性のどんなところの魅力を感じているのか？

これは、同じような趣味・趣向を持っている人だとわかるでしょう。逆に身長１５６cm・体重47kgの女性が好きな人にはわからないかもしれません。

知識や経験を身につけるためにマニアック系デリヘルに勤めて修行を考える人もいるかもしれませんが、それだとノウハウがたまるまでに2~3年かかってしまうでしょう。実際に現場でお客様と応対し、お店の内部資料を読んだりして学ばなければいけません。

本書を読んでいる読者は、どちらかというと今すぐ開業したい人だと思いますので、そういうとこは考えていないかもしれません。かといって、上辺だけ他からパクって始めても、中身がない（もしくは、コンセプトを固めきっていない）ために、マニアック勢の中にいるライバルに負けてしまい、長続きしません。

他にも、マニアック系はニッチであるがゆえに人集めが難しい側面があります。

素人系や美人系、人妻系などのオーソドックスなものであれば、働きたいと思った女の子そのものの分母が多く、集める仕掛けをすることによって応募があったり、そもそもの雇える枠が広かったりするので集めやすいですが（それでもなかなか集まらないのが現状ですが）、マニアック系はそうはいきません。

例えば、ガリガリ系の女の子はどのくらいいるでしょうか？　それこそ肋骨や腰骨が浮き出て見えるほど細かったり、バストも〝ないに等しい〟くらいでないといけないかもしれません。

高身長系は身長170㎝以上になってくるでしょう。熟女系だと、高齢化するほど世代的に職業倫理が高くなるので、そもそも風俗業界で働こうと思わない人が多くなるでしょう。

要するに、マニアック系はニッチであるがゆえに、集める女の子の分母が必然的に小さくなってしまうのです。

マニアックなら〝ぽっちゃり系〟がおすすめ

そんな、そもそもの人材の分母が小さいマニアック系デリヘルにおいて、僕がおすすめするのが「ぽっちゃり系」です。要するに、太った女の子たちだけで構成されているデリヘルです。

詳しくは別章で後述しますが、そもそもぽっちゃり女子はマニアック系の中でも最も分母が大きいです。

これは単純に、人間が太るのは簡単で、痩せるのは肉体的にも精神的にも難しいからです。太ろうと思えば〝食っちゃ寝〟を繰り返していればいいですが、痩せようと思ったら食事制限やトレーニングなどの努力が必要になります。

それに、ぽっちゃり系には身長の制限はありません。年齢の制限もありません（高齢でぽっちゃりだと別のジャンルになるかもしれませんが）。

また、世の中には「デブ専」と呼ばれる肥満体型の人に魅力を感じたり性的欲求を覚えたりす

る人がいます。「ＪＡＭＳ」「カツオ物産」「肉盛」等、数多くのデブ専ＡＶメーカーもあるようです

他にも、小学館発行の月刊女性ファッション雑誌『CanCam』では、太った女性が可愛らしいとして「ぷに子」という愛称をつけて呼んだりもしました。タレントでグラビアアイドルの磯山さやかさんが姉妹誌の『AneCan』で専属の〝ぷに〟モデルにも抜擢され、話題を呼びました。有名芸能人もモデルとして登場するぽちゃ専門ファッション誌「ラファーファ」（https://www.lafarfa-shoes.com/）こちらにも触れてほしいです。これは男女ともに、ぽっちゃり系がマイナスなものではないと考えていることを示していると僕は思います。

さらに言うと、肥満は「富の象徴」として考えることもあるようで、例えば、中国唐代の理想の女性像は「濃麗豊肥（豊かに太った美人）」でした。世界三大美女の１人である楊貴妃も、身長１６４cm、体重60kgだったと言われています（諸説あるようです）。

マニアック系デリヘルをするなら、この圧倒的分母を誇る「ぽっちゃり系女子」を活用しない手はありません。

何も「純真な女の子を風俗の道に染めるようなことをしろ」と言いたいのではありません。風俗で働きたい人や、風俗で働かなくてはいけない人は一定数、存在します。「職業に貴賤はない」とはいえ、やはり風俗業が世間体の良くない仕事であることは自覚しています。

ですが、あくまでもニーズがあり、世の中に必要とされている職業でもあります。そして、誰かがやらなければいけない仕事でもあります。

だったら、それをより正しく、健全に経営していくことで、経営する側もそこで働く女の子たちも、ともに幸せになってもらえる世界が作れるのではないかと僕は思っているのです。

第2章

デリヘル起業は「ぽちゃデリ」が一番いい

誰でもデリヘルオーナーで儲けられるマニュアルがあった！

前章の最後で、風俗起業をするならデリヘル、デリヘル起業をするならぽっちゃり専門がおすすめだとお伝えしました。

その理由は、単に「隙間産業を狙いましょう」というだけにとどまりません。僕自身の経験から考えてみても、やはりおすすめはぽっちゃり専門です。

少し僕の話をさせてください。

僕も最初はスタンダードな「素人専門ホテヘル（ホテル派遣専門のデリヘル）」を東京の新橋に開業しました。23歳のときです。

初月から黒字化ができ、経営は順調。それなりにお金に余裕のある生活が間もなくできるようになり、売上として大きな柱が立ちました。

ところが、同じ年に高級ドレスデリヘル（高価なドレスを着た女性がキャストのデリヘル）を同じく東京の錦糸町に開業しましたが、うまくいかず、初めての躓きを経験しました。

さらに、ちょうどいい物件が空いたことをきっかけに新橋の2号店として素人専門ホテヘルを東京・渋谷に開業しましたが、素人系や美人系などの〝普通のデリヘル〟はとにかくライバル店が多くて苦戦し、まったくの赤字経営。お店自体は継続していましたが、経営としては要するに〝失敗〟しました。

悪いことは重なるもので、そこにリーマンショックや数千万円の追徴課税が重なり、加えて共同経営者だった友人に裏切られたことなど、とにかくうまくいかないことだらけでした。円形脱毛症が頭にいくつもできるほど、ストレスで追い込まれる中で経営をしていました。

僕は方針を変え、素人系や美人系や人妻系（要するに30代以上）などのライバルが多すぎる普通のデリヘルではなく、よりライバルの少ないマニアック系デリヘルに業態転換することにしました。

そこで選んだのが、ぽっちゃり専門でした。2010年、僕が28歳のときのことです。

これはチャレンジでしたが、この再挑戦のおかげでFC展開を実現し、十数年かけて現在の全国130店舗の本部オーナーという経歴に至ります。

ぽちゃデリ開業はマニュアル通りにやりなさい

もちろん、これはあくまでも僕の例なので、同じことをしてすべての人がうまくいったかというと、そうではないでしょう。僕自身のトータル15年間に及ぶ風俗経営を振り返ってみても、何度も失敗をしてきましたし、痛い目を見てきました。

ですが、逆に言えばこれらの経験があったからこそ、僕は自分の中で〝うまくいく法則〟のようなものを見つけ出すことができました。そして、それを「ぽっちゃりデリヘル成功マニュアル」としてまとめ上げました。

このマニュアルは現在130店舗の全FCオーナーの間で共有されているもので、数々のオーナーたちを成功に導き、今この瞬間も常にブラッシュアップを繰り返しています。


面白いもので、このマニュアル通りにしたFCオーナーは成功し、サボったり、マニュアルから外れるようなことをした人は見事に経営が傾くか、失敗しています。この十数年の間にうまくいくFCオーナー、うまくいかないFCオーナーを見てきました。

もちろん、「守破離」の精神がありますので、最初は「守」でマニュアル通りにやっていたものを、いずれは「破」の段階でアレンジをしていき、最終的には「離」で新しい業態のデリヘルを始めたり、例えば飲食店などのまったく別の業種の経営に進んでいくのもいいと思います。

ただその前に、まずはマニュアル通りにやっていただきたいのです。

なぜなら、それで僕自身が成功し、FCオーナーたちも成功させているマニュアルだからです。第3章からはその内容を余すことなくお伝えしていきます。

サラリーマンでも資金300万円で開業できる

少し先出しでネタばらしをしてしまうと、このマニュアルを使うことで、経営者は当然として、サラリーマンでもOLでも、それこそフリーターでも資金300万円でデリヘル開業ができてしまいます。

この300万円を最初に用意できないとなると難しいところも出てきますが、そもそも開業資金を準備していない時点で起業は考えられませんし、例えば自己資金＋親から借りるなどしてなんとか工面すれば、最初のハードルとして300万円という金額は決して無理難題な金額とは言えないと僕は考えます。

さらに、マニュアル通りにやっていただくことで、実際に経営を始めて3カ月で黒字化が可能です（人によっては立地などの良さも手伝って1カ月で黒字化しているFCオーナーもいます）。

仮に親から借金をして始めたとしても、最初は自分の取り分を抑えて（それでも同世代のサラリーマンくらいの収入を得られます）返済に充てることをすれば、迷惑をかける期間を1年未満の最小限にすることもできるでしょう。

ちなみにですが素人系・人妻系デリヘルを都内で1から開業する場合は1000万近くの資金がないと軌道に乗れないと今は言われております。事務所の契約料、月々の広告費（ライバル店が多すぎて費用対効果が低い）、キャストの保証費（他店への流出防止）が莫大です。

FCオーナーの9割は業界未経験者だった

ここで少し僕のぽちゃデリFCの話をしてしまうと、現在130店舗（2023年3月現在）のうち、300万円をMAXで用意できなかったオーナーはいないわけではないですが、9割以上がきちんと資金を用意してきました。

開業して1年を経過すると営業純利益が儲かっていないお店でも月70万円くらい、儲かっているところでも200万円くらいあり、これはそのままFCオーナーの取り分となります。

さらに、FCオーナーの9割は風俗経営の未経験者でした。

そして面白いことに、未経験者のほうが実はうまくいっています。なまじ経営のことや、風俗業界のことを知らないため、僕の作ったマニュアルを素直に実践し、成果を出してくれているのです。

130店舗と言いましたがFCオーナーが130人いるのではなく、1人で数店舗を経営している人もいれば、中には30店舗経営しているFCオーナーもいます。

もちろん、彼らはみんな業界未経験者で、**年収1000万円以上を1年目に達成しています**（複数店舗を経営すると年収は倍以上になります）。

大切なのは、最初の開業資金300万円を何とかして用意することと、実際にスタートしたらマニュアルを守ってやることです。そこに持論を挟まず、頑固にならず、素直に実践して、困ったことがあったら相談することです。

そうすることで、サラリーマンでもOLでもフリーターでもデリヘル開業ができるのです。

ぽちゃデリFCで成功した9人のオーナーたち

ではここで、実際に僕のぽちゃデリFCで成功をしたFCオーナーたちのさまざまな例をパターン別に紹介していきましょう。

◆開業から3カ月で黒字化したフリーターのGくん

ＦＣ第1号になったＧくんは、僕の高校の同級生で青年実業家でした。青年実業家（＝若手の起業家）と言えば聞こえはいいのですが、実際は脱サラして実業家になり、お祭りのテキ屋をしたり、ダーツバーを開業して失敗したり、タコス屋や海の家など、ことごとくうまく行かせることができないダメ実業家（というか、フリーター）でした。

自分で川から捕ってきたメダカをペットショップの前で勝手に売ろうとして怒られたり、とにかく滅茶苦茶なタイプで、僕と久しぶりに再会したときはマッサージ店を新たに始めようとしていました。

そのタイミングで同窓会があり、再開した僕はＧくんにぽちゃデリＦＣの話を持ち掛け、「ぜひやりたい！」ということで話がまとまりました。周囲の同級生たちは冷ややかな目で僕たちを見ていました。

ところが、スタートさせたＧくんはとにかく行動力がすごく（あまり勉強のできるタイプではありませんでした）、僕のマニュアル通りに店舗運営展開を実践。3カ月で黒字化して半年後には月収は100万円になりました。

加盟後、約8年目の現在ではＦＣオーナー内でも筆頭の30店舗を経営し、年収は当たり前のように1000万円超えを維持していて、ＦＣというより「メガＦＣ＝メガフランチャイジー」状態になっています。

◆開業から1カ月で黒字化した元公務員のNくん

もう1人、Gくんよりも早い段階で黒字化できたのがNくんです。

Nくんは、ある既存のFCオーナーの大学の同級生で、当時は公務員でした。

収入はしっかりしていましたが、仕事がきつく、心を病みかける寸前で同級生の月収が3桁を超えた話を聞き、僕のところへやってきました。

Nくんも僕のマニュアル通りに素直に実践をし（公務員だったのが良かったのかもしれません）、彼の場合はなんと1カ月目から黒字化を達成。まだ1年程度なのでこれからではありますが、近々2店舗目のオーナーになる予定で、年収も1000万円を超えています。

◆4店舗を経営する元不動産営業マンのMくん

他にも、Gくんほどではないですが多店舗経営をしているFCオーナーで言えば不動産営業マンだったMさんがいます。

Mさんは20代中盤。デリヘル起業そのものに興味があり、ホームページを見て問い合わせをしてきたトレーニング好きの好青年です。

トレーニングをするような人は基本的に真面目にやり方を踏襲していく気質があるのか、彼も僕のマニュアルを素直に実践。オープンから2カ月で黒字、3カ月で月収が3ケタを超え、2店舗目、3店舗目も少し苦戦をしつつも女の子の扱いの上手さで定着率を上げ、現在、4店舗目を出店しました。

ちなみにNくんを誘った大学の同級生はMくんです。NくんとMくんは歴代最年少FCオーナーで24歳になる年に開業しました。

◆風俗経営をカミングアウトした営業マンのTくん(と友達のYくん)

風俗経営をすることに対して、読者の中には「世間体が……」「親や家族に話せない」といった悩みもあると思います。

T君も同様で、メーカーの営業マンをしていましたが、両親がカタいタイプで、しかもTくん自身も最初は風俗経営に否定的でした。ちなみに、TくんはFCオーナー第1号のGくんの友達です。

当時のTくんの月収は18万円。33歳でした。300万円の資金は持っていましたが、ぽちゃデリFCに懐疑的だった彼は、Gくんの成功事例を見てFCオーナーになることを決意します(ちなみに、そのときに同席していた別の友達のYくんもその後決意しFCオーナーになりました)。

その後、Tくんは2カ月目で黒字化に達成。そのときの月収が26万円でしたので、営業マンのときの収入を開始2カ月で超えたことになります。3カ月目で80万円。年収1000万円まであと一歩のところまで来ました。

現在では月100万円以上を得られるようになり、レクサスに乗っています。父親にも開業半年の時点で仕事のことをカミングアウトし、「きちんと儲かっているなら」と許してもらえました。

ちなみに、Tくんと1カ月遅れでスタートしたYくんも、母子家庭で兄弟が医者という立派な仕事に就いていることもあり、カミングアウトに戸惑いましたが、FCオーナーになったことで結婚もでき、奥さんにはちゃんとカミングアウトをしています（親兄弟にもいずれはカミングアウトするそうです）。

◆共同経営をしている経営者のOさんとKさん

僕のぽちゃデリFCオーナーたちは何も男性ばかりではありません。女性でも経営をしている人たちがいます。それが、OさんとKさんです。

彼女たちは共にOさんは接骨院、Kさんは美容院を別に経営している経営者なので、これまでの例とは少し毛色が違うかもしれませんが、それぞれオーナーとして店舗を経営し、成功を収めています。

さらに、2人は共同出資という形で低迷しているFC店（残念ながらマニュアルから外れたことをして、うまくいかないFCオーナーもいるのです）を買い取り、新しく店長を任命する形で成功させました。それによって売上が倍増。もちろん、これもオーナーの収入の一部になります。

◆親子経営をしている元キャストのWさん親子

女性のＦＣオーナーの特殊な例として、元キャストで働いていた女の子がオーナーになったケースもあります。それが、Ｗさんです。

最初のＧくんの店舗のキャストだったＷさんは、働きながらやがて「自分にもできそう、やってみたい！」と、自分の人生を経営側にシフトチェンジさせました。

さらに、Ｗさんのお母さんは自営の喫茶店の仕事をしていたのですが、今では母子で経営をするようになり、最初はＧくんの管轄する店舗の店長でしたが、今では独立したＦＣオーナーにステップアップしています。


ここまで紹介した９人は60名以上いるオーナーのうちの一部の例に過ぎません。

例えば、開業３カ月で黒字化しているオーナーは７割以上ですし、年収が１０００万円を超えているＦＣオーナーは９割に上ります。逆に達成していない人を数えるほうが簡単なくらいですので、同じような内容になってしまうために割愛しています。

ぽちゃデリFCはコロナ危機でも潰れなかった

ここまで成功例ばかりをお伝えしてきて、読者の中には、

「とはいえ、そんなにうまいことばかり行くのか？」

と思った方もいるでしょう。

確かに、100％成功するかと言えば、そうでない部分もあります。

実際にFCオーナーとしてスタートしたけど、経営がうまくいかずに店を低迷させてしまい、現在ではGくんの店の「店長」として働いている元ホストや元とび職の方もいますし、Oさんと Kさんが共同経営する店の店長も、最初はその店のFCオーナーだった人が売上低下によって2人に売却して現在の形になっています。

また、2020年に世界中でパンデミックになり、現在も続いている新型コロナウィルスの影響で、そもそも風俗業界そのものに壊滅的な影響がありました。

2020年4月から始まった緊急事態宣言による自粛で、一般の小売店や飲食店でも営業時間

の制限の要請がありましたし、要請に応じないパチンコ店の名前を公表するという無茶苦茶なことをする知事もいたくらいです。

僕の知り合いの風俗経営者の中には、東京都内の売上がとにかく悲惨な状態で、お客も入らず、とはいえ働きたい女の子たちをリストラすることもできず、結果的に閉店に追い込まれた人がいました。事業者を対象にした持続化給付金も風俗では対象から外され、休業補償もなかったこともあって、この頃の風俗経営者は本当に大変だったと思います。

一時的に赤字になってもすぐに黒字転換できた

かく言う僕のぽちゃデリFCでも、東京23区内の売上で8割程度落ちた日もありました。地方でも3割程度ダウンし、中には「これ以上、やっていけない」となった店舗もありました（当時は全体で約40店舗でした）。

繁華街に足を運んでみたのですが、本当に映画のゴーストタウンかと見間違えるほどに人がいなかったです。

それでも、中級店や高級店ならともかく、僕のぽちゃデリFCは大衆店なので、新型コロナウィルスの影響をそこまで受けなかったのが正直なところです。ほとんどお店を潰さずに、逆に店舗数を増やしていくことができました。

そもそも、風俗で働かざるを得ない人は一定数いますし、自粛によって職を失った人、生活が立ち行かなくなった人が手っ取り早く稼ぐために風俗を選択することもあります。ですから、働きたい女の子はいました(求人に応募してくる女の子もいましたし、辞めない子が多かったです)。

お客様も大衆店に通う人と高級店に通う人とでは考え方に違いがあるのか、日によって一度は大きく落ちた売上も、利用してくださるお客様がすぐに戻ってきて徐々に取り戻すことができました。

基本的にデリヘルはホテルや自宅で一対一で性サービスを提供する業態なので、例えばキャバクラやホストクラブのような大勢が集まる場とは違います。

検温、手洗い・うがい、ハンドジェル、換気の徹底と、熱があったらすぐに休ませる、無理して来させないなどの対応で、クラスターを避けることができました。女の子も待機のときは個室か車の中に待機してもらって接触を極力避け、個人間での感染も防ぐことができました。

さらに言ってしまうと、僕のぽちゃデリFCの場合は中級店や高級店、オーソドックス系のデリヘル店とは違い、運営費・広告費も含めていかに経費を最小限に抑えるかを考えたやり方をしています。

そのため、そもそも低予算で利益を圧迫する部分が少なく、一時的に赤字になっても、すぐに黒字転換しやすかったことも、潰れなかった理由の1つと言えるでしょう。

風俗起業は「丁寧正直な健全経営」でないといけない

もう1つ、これは新型コロナウィルスそのものとは直接関係ないかもしれませんが、ぽちゃデリFCの店舗の多くが早い段階で黒字に戻せた理由として、普段から健全な経営をして、お客様から支持を得ているお店が多かったことも挙げられます。

僕の個人的な考え方では、1つのお店は1カ月の利用者数の8割以上が会員さん（一度当店を遊んだお客様＝リピーター）になれば、お店として完成します。ぽちゃデリFCの多くの店舗がそのようなお店で、お客様からの支持があったため、コロナ禍でも〝戻りが早かった〟のです。

そしてその理由は、明朗会計で健全な経営を常にちゃんこFC全体で心掛けてきたからだと思っています。

風俗業界には「プチぼった」という業界用語があります。

ホームページには「女の子派遣1万円」と書いているのに、実際にホテルや自宅に女の子が来ると、

「入会金で2000円かかります」

「指名料で2000円かかります」

「交通費で1000円かかります」

と結局、1万5000円も払う羽目になってしまうのです。

出費としてはちょっとだけですし、女の子の手前もあるし、キャンセルしてもキャンセル料がかかってしまいますし、そもそも〝やる気〟になって利用しているので、結局は「仕方がないか」と払ってしまいます。

これが、「プチぼった＝ちょっとしたぼったくり」です。


すべての風俗店がこのような店だとは言いません。ですが、未だにこのような経営をしている店が見受けられるのも事実です。

僕から言わせると、プチぼったの店はその瞬間の売上は上げられますが、オープンして1年持てばいいほうです。なぜなら、そういうお店はお客様からの支持を得られないからです。

女の子の質が良くてもサービスが良くなければ、一瞬で消えてしまうのが風俗産業です。毎年、何千店舗の風俗店が〝生まれては消える〟を繰り返していますが、3年以上生き残っているお店は「健全経営」と言っていいでしょう。

僕は、お客様に1円でも損をさせたくありません。

ですから、僕のぽちゃデリFCの経営方針は「丁寧正直な健全経営」です。手堅い経営こそ生き残っていく唯一の方法なのです。

リーマン不況の前は「華やかな美女ばかりを集めたお店をやりたい」という誘惑もありましたが、そんな不況から脱出できたのも、「お客様にまた遊んでもらいたいサービス」を常に心がけ、堅実なビジネスを行ってきたためだと自負しています。

女の子、従業員、お客様、税務署など、関わる人すべてとの信頼関係があってこそ、安定的な収益が実現できます。

そして、それが再び社会に還元されることで、さらにビジネスが拡大し、FCオーナーも増え、みんなで豊かになることができます。その結果として、風俗業界全体のイメージアップにもつながると僕は思っています。

FCオーナーを目指すなら、このことを忘れないでもらいたいと思います。

ぽちゃデリFCは老後2000万円問題を解決する働き方

2019年6月に、麻生太郎副総理兼財務大臣が記者会見を行い、金融庁が「夫婦で老後の30年間に1500万～3000万円が必要」との独自試算を提示していたことが明らかになりました。

麻生大臣は「途中経過を拾い出してきた話だ。個人に必要な資産形成額を一律に示したものではない」と釈明したものの、この一件はメディアを賑わし、世間では「老後2000万円問題」として炎上しました。

ですが、これは調べてみると「30年で約2000万円の取崩しが必要となる」ということのようで、この2000万円という数字が独り歩きしているものと思われます。年金だけで生活する高齢夫婦の場合、毎月約5万円の切り崩しが必要で、30年間でトータル約2000万円に及ぶ、という話のようです。

ただ、どちらにせよ老後の生活資金が必要なことに変わりはありません。

年金だけで生活していくこともちろんできるのかもしれませんが、これまでの生活レベルを維持しようと思ったり、急な物入りで年金だけでは足りなくなることは容易に想像がつくでしょう。

そういう意味で老後２０００万円問題は、僕たちが今のうちから老後について考える良いきっかけになってくれたのかもしれません。

ＦＣオーナーになるのは目的ではなく「手段」

僕はＦＣオーナーたちに対して、この手のことをよく話します。

この先、10年、20年経って、もしも風俗業が立ち行かない世界になったらどうするか。風俗業自体はなくならないにしても、日本でも売春防止法ができたように、外部からの働きかけによって規制が厳しくなってしまった場合、今とは明らかに環境が変わってしまいます。

それに、例えば今40歳だとして、60歳でリタイアをして、80歳で死ぬと仮定すると、60歳からの20年間で月の収入がいくらあるといいかを考えなければいけません。月60万円欲しければ年間で７２０万円。20年だと1億４０００万円になります。だったら、何歳であっても今のうちから数十万円を貯金していかなければいけません。

こういう話をよくしています。

その理由は、ぽちゃデリＦＣオーナーになることは、目的ではなく「手段」だと思ってもらいたいからです。

とりあえずここで年収１０００万円以上になって、そこで老後資金を貯めるのもいいし、もっと別の事業をしてもらってそこでさらに稼ぐのでもいい。本章の冒頭でお伝えした守破離の「離」の段階に進んでもらえたらと思います。

もちろん、この道をずっと行くのもいいと思います。

手前味噌ですが、僕のぽちゃデリＦＣは、デリヘル業界でも珍しい全国展開をしているＦＣです。他のデリヘルで人妻系などは全国展開しているものもありますが、まだまだ少なく、チャンスの残っている業態です。

僕自身、今の１３０店舗で終わるつもりはなく、全国各県に3店舗ずつ、トータル１５０店舗を目指しています。そして、それを可能にするための「ぽっちゃりデリヘル成功マニュアル」を有しています。

次章からは具体的に開業していくためのノウハウをお伝えしていきますが、何事も先行者利益というものがありますので、早く始めたほうがお得です。

このチャンスを逃さないでもらいたいと思います。

第3章

最速3週間でぽちゃデリFCは開業できる

開業するなら まず「エリア」から 決めよう

では、具体的な開業の手順に入っていきましょう。

まず、やるべきことは「エリアを決めること」です。自分がどの場所で開業したいのかを決め、そのエリア内で事務所の物件を探していかなければいけません。

このエリア決めに関しては、できれば開業したいと思った瞬間からスタートしてもらいたいと思います。「このエリアで開業したい」と思うところを3ヶ所はピックアップし、事務所の立地、家賃を加味し、最終的な場所を決めてください。

ぽちゃデリ開業は地方でやるのがおすすめ

エリアを決めるときにぜひ参考にしてもらいたいのは「地方を攻める」という考え方です。

いわゆる大都市圏や地方都市圏は、たとえマニアック系のデリヘルであってもライバルがいます。ここで言う大都市や地方都市とは、東京23区、大阪市内、名古屋、福岡市内、札幌、埼玉県の大宮、千葉駅前、神奈川県の横浜や川崎など、大きな歓楽街があったり、有名な風俗街が存在するところです。

こういうところは避けて、あえて第2・3・4番目の都市を狙ってみてください。人口で言うならば7〜10万人以上いれば十分です。

こういう地方都市であれば、そもそもライバル店が存在しないか、存在していたとしても個人が小さくやっていたりするようなところばかりなので、大手FC店として圧倒的な差をつけやすいのです。真面目に健全経営をしているだけでお客様がつき、安定した収益を上げることができるでしょう。

地方では娯楽としての風俗の優先順位が高まる

少しイメージしてみてもらいたいのですが、例えば東京の渋谷で遊ぶのと、出張先の地方で遊ぶのとでは、どれだけ娯楽の数が違うでしょうか？

新宿であれば、駅の改札を出た瞬間からキャバクラやガールズバーがあったりします。20時以降に出ようものなら、改札を出て1分以内に最初のキャッチから声をかけられます。

一方で、地方の場合はそもそもの娯楽の数が大都市とは違います。風俗、キャバクラ、ガールズバー、カラオケ、飲食店など、何でもあるところと、ある程度限られた娯楽しかない場所とでは、お客様の風俗利用の優先順位が変わります。

地方に出店を出すことによって、優先的にお金を使ってもらえる確率が上がるので、それだけでも安定した経営を期待することができます。

開業資金300万円はどう使うか？

エリアが決まったら、具体的な開業のフェーズに入っていきます。

ここまで資金300万円で開業できるとお伝えしてきましたが、具体的な内訳は次の通りです。

- FC料　15万円（初月分）
- ホームページ制作費用　15万円
- 広告費　月20万円（初月分）
- 事務所契約費用　50万円（敷金・礼金・仲介手数料などを含む）

- 3カ月分の運転資金　100万円
- 予備のお金　100万円

その他、新規のスマートフォンやパソコンの購入、送迎用の車の購入またはレンタル（車を使うのであれば）、大人のおもちゃやローション、石鹸などの消耗品購入のための雑費ありますが、基本的な内訳は右の通りです。

厳密に言うと200万円でもスタートはできてしまうのですが、正直、おすすめはしません。お金の余裕は心の余裕につながります。ギリギリの資金しかないよりも、「まだこれだけ余力がある」と思って営業をしたほうが経営はうまくいくからです。逆にお金に余裕がないと自身のメンタルに悪影響を及ぼし、イライラで女の子につらく当たってしまったりして定着率を下げ、売上ダウンを引き起こす可能性が出てしまいます。

車を買うなら何より「燃費」を重視すること

基本的に事務所はホテルの近くにおいて営業をスタートしてもらいたいのですが、それが難しい場合は送迎のための車を用意する必要があります。

あなたがすでに車をお持ちであればそれを使ってもらって構いません。

持っていない場合は友達から安く買うか、最悪の場合はカーシェアで利用するときだけお金を払うのもありです。

もしも、どうしても購入しなければいけないときは、「燃費」を何より重視してください。カッコ良さとかは、どうでもいいです。女の子を送迎するようなので、極端な話、軽バンでも構いません。

新車である必要もありません。中古車で構わないで30万円くらいの燃費のいい日本車（壊れにくいので）を探しましょう。

車を買うならパソコンは2台用意する+チャット用1台

デリヘル経営にパソコンは必需品です。基本は15インチ以上のノートPCを用意しましょう。用途はホームページや広告サイトの更新に使用します。

これも車と同じく、すでにデスクトップPC持っているならそれを使ってもらって構いません。事務所に新たに引くインターネットを使って、ネットがサクサク動くくらいのもので大丈夫なのです。高性能なゲーミングPCのようなものは必要ありません。

ただし、車を使用するのであれば、女の子のプレイ終了を待つとき用にノートを1台追加し、車の中で使用しましょう。ただしこの場合も、スペックは同程度で構いません。また、黒字化後で構いませんのでに「見えちゃっと」（待機中のキャストさんとお客様が無料でチャットが出来る集客用サイト）用のノートパソコンもご購入下さい。

広告料はコスパのいいものに絞っていく

内訳で広告料を20万円としましたが、実際は15～30万円の間に落ち着きます。ちなみに広告費は、お客様用の風俗サイトと、女の子用の求人サイトの両方の合計の金額です。

広告代理店はFC本部から風俗専門の代理店（シティヘブン、ぴゅあらば、デリヘルタウン、デリヘルジャパン、口コミ風俗情報局、ぴゅあじょ、バニラなど）を紹介しますので、最初の3カ月は広く広告を出して、電話が鳴るサイト／鳴らないサイトをマニュアル内にある費用対効果測定表を使い、精査してもらいたいのです。

そして、費用対効果の高いところに絞って広告を打って行く。これは女の子の求人サイトへの広告も同じです。そのようにして、最初は30万円かかっていたものを徐々に15～20万円くらいに絞っていくのです。

「それでも結構かかるなぁ」

もしかしたら、そう思われるかもしれません。

ですが、一般の素人系や人妻系のデリヘルの場合は3倍以上かかります。最低でも月50万円くらいの広告を打たないと電話すら鳴りません。僕が最初に新橋で素人店を出したときは、月に80万円を広告費にかけていました。

それに、20万円程度の広告費は実際の月の売上で賄えてしまいますので、論より証拠で精査してやってみると気にならなくなります。

エリアを決めたらまず物件を見つけよう

僕のぽちゃデリFCでは、資金とエリアさえ定まっていれば最速3週間でスタートさせることができます。

では、具体的にその3週間で何をするのか？

優先順位とともに順番にお伝えしていきます。

物件探しはホテルから徒歩5分のところに

何より大事なのが物件探しです。ホテル街から徒歩圏内（理想は5分以内）のところに事務所を探しましょう。

デリヘルは「デリバリーヘルス」なので、女の子をお客様のところまでデリバリーするのですが、その場所が自宅である場合、どうしても送迎のための車が必要になります。

であれば、もしも送迎場所をホテルにし、かつ事務所をホテルからの徒歩圏内にしておけば、車を所有する前提を外して経営を考えることができるのです。

また、僕の経験上、利用するお客様の9割はホテルを希望する方が多いです（家庭を持っていて家に呼べない、風俗事業者に住所を知られるのが嫌だから、など）。

ですので、そういったお客様のためにも、お店のためにも、事務所の物件探しはホテル付近が鉄則です。

事務所のサイズは、大は小を兼ねますので、地方の場合は2DK45㎡で家賃10万円以下が理想的です。難しいようであれば、割高にはなりますがワンルームを2部屋（1つが事務所、1つが待機部屋）でもOKです。

空き物件探しはタイミングがあるものなので、足を使って不動産を回ってください。

物件探しは「根気」と「折れない心」がとても大事

実際にやってみるとわかりますが、風俗事務所用の物件探しは難航することがあります。
まず、理想の物件がなかなか出てこないこと。そして、風俗使用の許諾書を出してくれる家主や不動産会社が見つかりにくいことです。

前者は根気よく探すしかありません。そういう意味でもエリアは3ヶ所くらいを想定しておいたほうがいいのです。

ポイントとしては、ホテル周辺にあるアパートやマンションの入り口付近に貼ってある不動産会社の看板を探して、そこに「デリヘルやりたいのですが、このマンションは大家さんの使用承諾を取れますか?」と片っ端から電話していくことです。ホテルのオーナーさんが近くの物件も所有しているケースもありますので、ホテルに突撃して聞くのもありです。

「下手な鉄砲、数打ちゃ当たる」の精神で探してください。

そして、後者は前者よりも難しいのですが、物件自体は見つかっても家主が風俗営業の使用承諾書を出してくれないケースがあります。

やはり、風俗という世間体の良くないイメージのものに自分の所有する物件を貸すことを嫌がる人が少なくないのです。物件を見つけて電話をしても、目的を告げた途端に〝塩対応〟をされてしまうことも少なくないでしょう。塩対応が続いた結果、心が折れそうになるかもしれません。

そんなときもポイントは交渉をすることです。

「年単位の長期契約をします（すぐに出て行かないので安定しています）」

「相場よりも家賃を1万円多く払います」

「敷金をもう1カ月分多く納めます」

「お客様の出入りは一切なく、法を順守して営業します」

など、先述のホテル周辺の物件に電話をすることはもとより、不動産会社の営業マンに、大家さんにとってメリットのある材料を出して交渉をお願いしましょう。

物件探しは「待ち」ではなく「攻め」の姿勢で

僕のぽちゃデリFCのオーナーになろうという人の中には、ここで心が折れてしまう人がたまにですが、出てきます。ですから、基本的には物件探しには折れない心が必要なのですが、そもそもの姿勢として「待ち」ではダメです。

不動産屋を1件あたって「物件が出たら連絡しますね」と言われてそのまま何日も過ぎてしまってあきらめてしまう……こういうケースがあるのです。

この「待ちの姿勢」は一般の営業マンでもよくあることで、担当者と名刺交換だけして放置してしまって、いつまで経っても取引先を作れないダメ営業マンの典型的行動です。

逆に攻めること。心を折らせないために、風俗営業に否定的なところはさっさと切り替えて、先述の交渉材料を出して「攻めの姿勢」で探してください。

僕の例では、愛媛・松山市内でFC店を開業させようとしたとき、最速の1時間（5件目電話のアタック）で見つかったケースもあります。

「数打ちゃ当たる」「交渉する」「攻めの姿勢」の3つを忘れず、この最初のハードルをクリアしましょう。

物件が決まったら設備を整えよう

晴れて物件が決まれば、即動くべき設備投資が3つあります。

1つ目が、インターネットの工事の予約を入れることです。

マンションやアパートによってはすでに大本のネット環境が整っていて、申し込みによって工事をしてもらえる場合もありますし、ない場合は自分でＮＴＴに電話または、家電量販店やスマートフォンのキャリアなどへ行って契約をする必要があります。インターネットは必須ですので必ずネットを引いてください。

すぐに予約をするのは、最短でも開通工事まで１～２週間後になる場合もあるからです。これは早ければ早いほどいいです。最悪のケースでは他の工事が重なり開通まで１カ月を要したケースもありました。

２つ目が、新しいスマートフォンを契約することです。固定回線の方がお客様からの信頼が高いという考え方の時代がありましたが、外出の際の転送設定ミス、外出先からお客様に電話をする際に店電話の番号が違う為コールに出てくれない等がある為、初めからスマートフォンを推奨しています。

新規に契約したスマートフォンの電話番号はそのまま店の電話番号になり、ＬＩＮＥも求人用のアカウントとして活用できますので、すでに個人用のスマートフォンは持っていると思いますが、仕事用に新しく持つようにしてください。使えるアプリケーションやサイトのこともあるので、おすすめはＡｎｄｒｏｉｄフォンです（ｉＰｈｏｎｅは避けましょう）。

また、インターネットを個人で引かなければいけない場合（建物にない場合）に同時契約をすることで割引が受けられるケースもありますので活用しましょう。

3つ目がホームページの作成です。

僕のぽちゃデリFCでは、本部で一括して「WordPress（ワードプレス）」でホームページを作成しています。

場所が決まったら、必要情報（正式店名、営業開始日、営業時間、メールアドレス、お客様用電話番号、求人用LINEのIDと電話番号など）を本部に送ってもらい、ホームページ作成費用を振り込んでもらってからの作成開始となります。

製作には3週間ほどかかってしまうので、これも物件が決まったら即行動してもらいたいと思います。併せて新店用のURL（ホームページアドレス）を即時発行しますので、警察署への届出申請書に記載してください。

必要書類が揃ったら警察へ届出る

物件・設備が整ったら、必ず公安委員会（窓口は警察署）へ開業の届出をしなければいけません（事務所を管轄する警察署が受付窓口となり、警察署を経由して公安委員会に届出する事になります）。

届出を行った方には、公安委員会へ届出をした。という「届出確認書」が発行されます。

無届で営業をすると風営法違反となりますし、仮に営業したとしても集客・求人の生命線となる広告を出せませんので、営業がままなりません（大手媒体に広告を出す時には、必ずこの「届出確認書」が必要となります）。

届出を行うために必要な書類は「無店舗型性風俗特殊営業営業開始届出書」「営業の方法」「使用承諾書」「賃貸借契約書」「建物登記簿謄本」「事務所の図面」「営業者の住民票」です。また、待機所を使用する場合は、その施設の使用承諾書と平面図も併せて用意します。

別記様式第25号（第52条関係）

その1	※受　理 年月日		※交　付 年月日	
	※受　理 番　号		※交　付 番　号	

無店舗型性風俗特殊営業開始届出書

風俗営業等の規制及び業務の最適化等に関する法律第31条の２第１項の規定により届出をします。

令和　　年　　月　　日

東京都公安委員会殿

※営業所の存在する自治体を記入

届出者の氏名又は名称及び住所

※法人（会社）で届出する場合は、法人名および代表者

ちゃんこ　太郎

（ふりがな）		ちゃんこ　たろう
氏名又は名称		**ちゃんこ 太郎** ※法人（会社）で届出する場合は、法人名
住所		〒（○○○-○○○○） **東京都渋谷区○丁目○番地○号** （ **03** ）○○○○局○○○○番
本籍・国籍		**東京都渋谷区○丁目○番地○号**
生年月日		**昭和○○年○○月○○日**
法人にあっては、その代表者	（ふりがな） 氏名	※住所等の記入の際には、住民票と同じように記入し、省略、ハイフンは使用しないようにします。
	住所	〒（　　　　　） （　　　）　　局　　番
	本籍・国籍	
	生年月日	
（ふりがな） 広告又は宣伝をする場合に使用する呼称	1	ちゃんこ **ちゃんこ** ※店名を記入
	2	
	3	
	4	
事務所の所在地		〒（○○○-○○○○） ※使用承諾書と同じように記入 **東京都品川区○丁目○番地○号 ○○ビル ○○○号室** （ **03** ）○○○○局○○○○番
無店舗型性風俗特殊営業の種別		法第２条第７項第 **1** 号の営業（派遣型ファッションヘルス） ※デリバリーヘルスは、第1号営業になります

別記様式第28号(第54条関係)

その1

営業の方法
（無店舗型性風俗特殊営業）

氏名又は名称	ちゃんこ　太郎	
広告又は宣伝をする場合に使用する呼称	ちゃんこ　※開始届出書に合わせて記載します	
事務所の所在地	東京都品川区○丁目○番地○号　○○ビル　○○○号室	
無店舗型性風俗特殊営業の種別	法第２条第７項第 **1** 号の営業（派遣型ファッションヘルス）	
広告又は宣伝の態様	広告又は宣伝の方法	①する　②しない ①　広告物の表示（場所：　） ②　新聞・雑誌　（広告の頻度：　） ③　インターネット（URL：http://www/○○○○.com　） ④　割引券　ビラ等の頒布（場所：　） ⑤　その他　（　） ⑥　広告又は宣伝はしない
	広告又は宣伝をするときに18歳未満の者の利用禁止を明らかにする方法	「１８際未満の方のご利用はお断り致します」という文言を広告の一部として掲載する
日本国籍を有しない者を従業者として使用すること	①する　②しない	
	①　の場合：その者の従事する業務の内容（具体的に） ※お店の実情に合わせて記載します	
１８歳未満の者を従業者として使用すること	①する　②しない	
	①　の場合：その者の従事する業務の内容（具体的に） ※お店の実情に合わせて記載します	
役務提供の態様	人の住居又は人の宿泊の用に供する施設において異性の客に対して身体を洗い、マッサージをする等の異性の身体に接触するサービスを提供する。 ※お店の実情に合わせて記載します ※所轄警察署によって、より具体的な内容を求められる場合があります	

使　用　承　諾　書

令和　　年　　月　　日

ちゃんこ　太郎 殿

住所

氏名　　　　　　　　　　印

※所有者(大家さん)の住所・氏名

私は、下記1の建物等の　所有者　として下記2，3及び4の条件で下記1の建物等をあなたが使用することを承諾します。

1	建物等	構造	**鉄筋コンクリート造陸屋根6階建**
		所在地	地番：**東京都品川区○丁目○番地** 住居表示：**東京都品川区○丁目○番地○号**
2	使用する目的		風俗営業等の規制及び業務の適正化等に関する法律第2条7項第1号の営業所（**派遣型ファッションヘルスの事務所**）として使用するものとする。※承諾された範囲を記載します
3	営業所として使用を承諾する建物等の部分		①　建物等の全部　　②　建物等の一部 ②　の場合：その部分 **地上○階の一部（○○○号室）**
4	使用を承諾する期間		**令和○○年○○月○○日から** **令和○○年○○月○○日**

所轄によっては、併せて運転免許証のコピーや念書を求められる場合もあります。
その他に、手数料＝印紙代として数千円が必要になります。

県によって若干の違いがありますので、届出を提出のする場合は必ず、事前に所轄の生活安全課に電話して内容を確認し、アポ取りをしてから行きましょう。

また、行政書士に頼んで提出書類を作成してもらうこともできますが、4万円～（必要書類を作るアドバイスだけか、警察署まで届出の代行してもらうか、内容により変動）ほどの費用かかります（行政書士はFC本部から紹介ができます）。
自分でやるか専門家に任せるかは、個々のオーナーの判断になります。

届出発行までの10日間にやるべきこと

警察に受理されると、「10日ルール」（届出が受理されると、その日から10日後に営業を開始することができる）で10日後に届出が発行されます。

警察によっては10日以上かかることもありますが、この間の時間を使って別のことをやって行きましょう。

まず、さらに個室待機の場所を事務所内に作りましょう。

2DKの部屋の想定でお伝えしますが、一部屋は店長（オーナー店長）のための事務所で、面接なども行います。そしてもう一部屋が、女の子の待機場所になります。

待機場所を作る際は、個室になることを意識して作ってください。個室があるのとないのとでは、店舗運営に大きな差が出ます。女の子同士のトラブルや、定着率に大きく影響するのです（詳しくは後述します）。

とはいえ、難しく考える必要はありません。カーテンなどでパーテーション（仕切り）を作って、ある程度のプライバシーが保証される状態を作ればいいのです。

横80～100cm×奥行き140～160cm×高さ150～170cmが理想です。難しければ、1畳分を保障してあげるイメージです。

各部屋にコンセントを置き（延長コードでいいです）、座椅子または布団やクッションで横になれるようにする。小さな机が置けるなら置き、鏡も付けてあげましょう。

香りに関しては、基本が「無臭」を心掛けましょう。香料を使った匂いは、人によっては嫌うこともあるので、無臭が無難です（女の子自身が香水をつけることもあるので）。無音だと気が滅入ってしまうキャストさんがいる為、BGMを流すのが無難です。

最終的に一日の出勤人数が10名以上は欲しいですが、早番・遅番と分散されるので、部屋数自体は6～8部屋もあれば充分です。待機部屋は女の子が働くかどうかを選ぶ決め手の1つにもなるので、清潔な部屋にしましょう。

これと同時に広告代理店を本部から紹介しますので、お客様用の広告サイトや、女の子の求人用のサイトについて打ち合わせてください。この辺りは向こうがプロですので、要望を伝えつつレクチャーを受け、広告・求人サイトの中身を作っていきます。

ただし、広告をアップするためには警察からの届出の発行が不可欠です（ないと広告を打てません）ので、届出が発行されたら即、広告代理店へ送って対応してもらえるよう、そこまでの準備をしておきましょう。

オープン日より5日前までに広告がアップされている状態にしておくことが理想です。

また、併せて風俗グッズ（大人のおもちゃやローション、イソジンやグリンス＝殺菌消毒用の石鹸）を購入できるサイトもご紹介しますので、忘れずに発注をして準備しておきましょう。

女の子との面接はスピードと丁寧さが命

さて、開業まで最速で3週間――つまり、21日間の間に、警察への届出を行う10日間を除いた残り約10日の間に他にもやるべきことがあります。

それが、女の子の募集と採用です。

求人広告を打てた場合、数日以内にアクションがあります。うまくいけばその日のうちに反応があることもよくあります。

具体的には、求人サイトの「LINEで応募する」のバナーから、仕事を探している女の子からの連絡があるのです。ですので、スマートフォンとLINEは必須です。

LINEからの応募があった場合、お店用のスマートフォン内のLINEアプリに「新しいお友達」という形で通知が来ます。イメージとしては、通常のLINEでのやり取りをお店用のスマートフォンでするイメージです。

女の子のほうから「●●（求人媒体名）を見ました」という意味合いの内容が来ますので、通知が来たら即レスをしましょう。もしも、初回の挨拶が向こうからなく、単に新しいお友達が増えただけの場合でも、こちらからの挨拶メールを即対応で送りましょう。

文面的には「お問い合わせ、ありがとうございます。ぽちゃデリＦＣ●●店の店長のちゃんこ＠ナベオです。面接の希望日時はございますか？　即日体験入店を希望の際は、写真つき身分証を忘れずお持ちください。あと、何かご質問がありましたらどうぞ」という感じです。マニュアル内に定型文を何個も用意してありますのでご活用ください。

ロスなく女の子と面接するためには？

何より重要なのは、即レスを心がけ、さっさと面接日時を決めてしまうことです。女の子の側は、あなたのお店以外にも別のところに同時アプローチをしているものです（その前提で考えましょう）。もったいぶって放置プレイをしていると、あっさり逃げられてしまいますので注意です。

面接場所は事務所をこちらから指定します。８～９割はこの流れで行けます。稀に事務所を嫌がる子もいますので、その場合は近くの喫茶店を地図つきで指定するといいでしょう。

また、極めて稀なケースですが、面接場所を女の子のほうから指定してくる場合があります。いわゆる、「出張面接希望」というやつです。

この場合、１００％当日にドタキャンするか、そもそもからモチベーションの低い子が来ます。僕の過去の経験でも、そういう子で続いた子は１人もいなかったので、基本的にそういう場合は断ってしまって構いません。

こうして面接日時が決まったら、最後に必ず当日の直前に確認メールをもらうように女の子へお願いしましょう。「本日、●時に伺います。よろしくお願いします」的なもので構いません。風俗店を利用したことがある人ならお馴染みだとは思いますが、予約をしたら「1時間前にご一報ください」的なことを言われます。女の子に急なキャンセルが出る場合の連絡のためもありますが、そこで連絡をしないお客様はお店側からしたら不審に感じます。

それと同じで、直前の連絡をしてこない女の子の場合、面接にも訪れないケースが多いです。ただ、その場合はあまり問い詰めないようにしてあげてください。女の子の中には当日になって怖くなってしまって、連絡をできないまま結果的にドタキャンになる〝悪質ではないケース〟もあるからです。

そういうときは「また気が向いたらいつでも来てくださいね」と柔らかく対応することで、次の応募の可能性につながります。

まずは在籍20人、一日出勤10人を目指そう

いざ面接の段になったら、基本的なスタンスとしては「誰でも雇ってしまう」です。まずは在籍20人を目指しましょう。実際に一日の出勤を10人でやっていくためにも、確認事項をちゃんとした上で、まずは会う。そして、特に問題がなければ雇ってしまって構いません。

もちろん、法律上18歳未満は働かせてはいけません。必ず写真付きの身分証で年齢確認を徹底してください。

基本的な給与体系などとは別に、面接の際に必ず最初に女の子に対してクギを刺しておかなければいけないことがあります。

それが次の5つです。

- 「努力する子」が稼げること
- 「基本プレイ以下」はあり得ないこと
- 新人期間の心得
- フリー客の可能性

●お客様との連絡先交換NGであること

他にも伝えることはありますが、特にこの5つはマストです。
あとになって「聞いてませんでした」とならないよう、必ず面接のときにしっかり伝えてください。

面接で「誰でも稼げる」はNGワード

よく言ってしまいがちなのが、「うちは誰でも稼げるから、あなたでも大丈夫」という文句です。女の子を逃がしたくないため、モチベーションを上げてもらうために言うのかもしれませんが、むしろこの言葉は絶対に言ってはいけないNGワードです。「誰でも稼げる」と思って入って来た女の子は必ず辞めます。なぜなら、実際は稼げないからです。

努力を嫌がる子はお客様へのサービスがおろそかだったり、出勤日数が少なかったり、当日無断欠勤をしたりして、結果的にお客様がつきません。当然、お店側としても評判のいい子をお客様につけたいと思うものなので（そのほうが店の評判が上がる＝売上につながるので）、自然と稼げなくなります。

僕の経験から言えば「稼げる子＝本指名を取れる子＝努力する子」です。

ですので、最初に言うべきは「うちは努力する子が稼げるよ」と、あくまで努力が必要なことを伝えましょう。

努力のできる子は自分から発信ができる

では、努力とは何かというと、まずは基本プレイです。

基本プレイの内容は「ディープキス」「全身リップ」「玉舐め」「パイズリ」「69」「指入れ」「生フェラ」「口内発射」「素股＆顔面騎乗」です。

この基本プレイの内容をきちんとこなすことが最低ラインです。というか、お客様はそれを目的に利用してくださるので、基本プレイ以下はあり得ないことを伝えましょう。

その上で、「写メ日記＝ブログ」と「見えちゃっと」というホームページ上のコミュニケーションツールをしっかり更新したり活用して、お客様へ自分のことを発信できるかどうかです。「写メ日記」「見えちゃっと」の詳細は後述します。

このように努力をしている子は自然と本指名がついて稼げるようになりますし、仮に本指名がつきにくい子でもお店自体のクオリティを上げられるので、積極的にお客様をつけて、稼げるようになります。

最初の1カ月間は週3以上、オープンラストが普通

業界未経験であっても、他のお店ですでに風俗経験があっても、このお店ではどんな女の子も〝新人〟として扱います。女の子の中には過去の武勇伝をひけらかす子もいますが、当時のお客様を引っ張ってこられるかというと、そんなことはないのが一般的です。

ぽちゃデリでの新たなるスタートして、新人として最初の1カ月間は週3日以上の出勤と、一度の出勤時間はオープンラスト（最初から最後までの出勤。早番・遅番による）が基本であることもきちんと伝えておきましょう。

出勤に数が多い・出勤時間が長いほうがそれだけ多くのお客様と知り合うことができます。やはり稼ぐためには本指名を取ったほうがいいので、その可能性の枠を広げるためにも最初の1カ月の間に努力の基礎を作ってあげましょう。

そうやって平均点を取れる女の子を増やしていくほうが、お客様にとっても女の子にとってもお店にとってもハッピーだからです。

もちろん昼職と掛け持ちで長時間勤務ができない子がいます。長時間勤務の方がよりチャンスが広がり稼げ易いという意識を持たせるのが重要。昼が休みの日に長時間勤務をしてくれるようになります。

フリー客は〝太客〟に化ける可能性を秘めている

僕のぽちゃデリFCには、一般的なコースとは別に格安の「フリー50分コース」というものがあります。女の子指名なしのお試しコースで、初めてのお客様が利用したり、中にはこればかりを楽しむ人もいます。

フリー客の場合、給料も安く自分を指名したわけではないと必然的に女の子は手を抜きがちになりますが、これが絶対にNGです。むしろ、フリー客は女の子にとって最大の出会いのチャンスで、自分のことを売り込むことができるからです。

ここで気に入ってもらって本指名につながることもあれば、もしかしたらそのお客様が実は「太客＝太っ腹なお客様・何回も指名してくれるお客様。水商売などで多額の金を使う客を指す隠語・業界用語」の可能性もあるからです。

この点については、女の子に伝えるだけではなく、店長自身もフリー客だからといってめんどくさがらず、女の子やお店の可能性につながる〝金の卵〟という認識が必要です。「貧乏客」「ケチ客」というような嫌味を言っては絶対にいけません。店長のその言葉は必ず女の子に伝染するからです。

お店はあくまでも〝用心棒〟でしかない

最後に、とても重要なのがお客様と女の子の個人的な連絡先交換を禁止している旨を伝えることです。これを業界用語で「裏引き＝お客様をお店に呼ばずに直接お金をもらったりすること」と言います。

お客様からすると、女の子と直接やり取りをして、お店の外で会うほうが安くついたり、基本プレイ以上のことができたりと、メリットがあります。女の子にとっても、給料以上に稼げるメリットがあります。

ですので、女の子の中には裏引きをしようとする子もいます。

これに関しては、はっきり言ってしまうとお店側は止められません。人間同士のやり取りなので、監視するわけにはいかないのです。

ただ、お店側の姿勢としては、あくまでもお店側は〝用心棒〟として「仕事中は全力であなたを守ります」です。そして、「仕事外でお客様と会い、店外デートをしてトラブルになっても、お店側は一切助けられません！」です。裏引きによる相談は受けられない旨を最初に厳命しておきましょう。

他の風俗店で実際にあった話ですが、「裏引き」で付き合うようになり、その後の痴情のもつれから「今まで使ったお金を全て返せ」やさらには傷害・殺人事件にまで発展した事例もあります。

このような子を伝え、女の子には厳しくクギを刺しましょう。

女の子の写真はスマホで撮る時代

女の子を採用したら、パネル写真を撮りましょう。

写真は基本的にスマートフォンで構いません。有料でプロのカメラマンにお願いして、スタジオで撮ってもらう必要はないのです。無料なら率先して利用。集客サイトがカメラマン・スタジオを無料提供で撮影してくれる機会もあります。

可愛いポーズをしてもらったり、胸元を開けてもらったり、短めのスカートをたくし上げてもらったりして、男性のお客様の興味を引く写真を撮りましょう。数はできるだけたくさん撮って、ベストなものを厳選してください。

写真はスマホアプリの「BeautyPlus」を使います。顔のモザイクはまた別のアプリを使います。かつてはパソコンを使っていたこれらの作業も、今ではスマートフォン1つで簡単に編集できるようになっています。

当然ですが、ぽちゃデリの場合は特に加工をする必要がありません。

例えば、ウェストを細くする必要もニーズもないのです。ですから、明るさ調整と身バレ防止のための顔モザイクだけです。

調整が終わった写真はパソコンへ同期して、管理画面からオフィシャルホームページにアップします。

以前は「photoshop」をパソコンにインストールして使用するのがほとんどでした。「photoshop」は容量大きいのでスペック高いパソコンが必須。さらに多機能過ぎて操作を覚えるのが大変。なにより高価格です。

プロフィールの文面は指名の分かれ道

女の子の写真とともに、プロフィール文も充実させましょう。

お客様は写真とプロフィール文を見て女の子を指名します。文章が短かったり、文面に熱意が感じられないと、決め手にかけてしまいます。

つまり、プロフィールの文面が指名を取れるかどうかの分かれ道なのです。

店長はそこに手を抜かず、基本は「文字量多めでたくさんの情報を書くこと」と、いろいろなお店の女の子のプロフィール文の中で、読んでいて自分がムラムラしてくるようなものをあらかじめ複数個を集めておきましょう。

そこから自店の女の子たちの特徴に合ったものを選び、アレンジしていけばいいのです。

女の子が集まりやすい職場の3つの条件

ここまでお伝えしたことの他にも、面接でお伝えする給与体系や、基本的な店の運営方法もあるのですが、それは別章で運営方法としてお伝えしますので、そちらも加味して面接を行ってください。

ただ、そもそものこととして、女の子が求人サイトから応募をしてくる、または面接で採用したのにそれを辞退するのを防ぐために、お店側にできることがあります。

それが、「稼げる」「店長が優しくてやり手」「女同士のドロドロがない」の3つです。

この3つの情報は写真や店長メッセージなどを使って求人サイト上から女の子に安心感を与えるアプローチをしていきましょう。

まず、稼げることについては、僕のぽちゃデリFCが全国130店舗の大手ですので稼げることをアピールできます（もちろん、先述の通り、努力する子が稼げるのは鉄則です）。

次に、店長が優しいことはとても重要で、連絡があってからのLINEのやり取りや実際の面接での物腰の柔らかさに加えて、求人サイトに、例えば店長が作った手料理の写真を載せたり、自分の笑顔の写真や趣味をしているところの写真を載せたり、店長ブログを書いたりして、ユーモアや魅力を伝えて〝怖い人〟ではないことをアピールします。さらに女の子はお客様用の営業サイトにも目を通します。在籍女の子のプロフ・出勤表・イベント・関連動画がしっかり更新出来てると「この店＝店長がしっかりしてる。稼げそう」に直結します。

他にも求人サイト上に個室の写真、空気清浄機がある（清潔な環境である）、雑誌が常備されている（時間を潰す方法がある）などの職場環境をアップすることで安心材料を増やすことができます。

そして、「女同士のドロドロ」に関しては、これはよくあることで、女の子のモチベーションに関わるだけでなく、お店全体の空気感にも大きく作用して来る要素です。次で詳しくお伝えしましょう。

待機用の個室でドロドロを防げる

女同士のドロドロを防ぐために効果的なのが「個室」の存在です。カーテンだけの仕切りであってもプライバシーが保障されていることによって、稼ぎに来ている子たちは無用なトラブルを避けて仕事に集中してくれるようになるからです。

女の子同士のトラブルでよくあるのがお金の貸し借りです。

お金の貸し借りは、最初は1000円程度のものから始まり、徐々に金額がアップしていきます。他にも「明日返すから、携帯代を貸してほしい」というのもよくあります。

他にも、僕の過去にあった事例では、女の子同士が仲良くなって一緒に飲みに行くようになり、最終的にホストクラブで同じホストに入れ揚げてしまって、大喧嘩になったパターンが何度もありました。

そこまで派手なものでなくても、シンプルに「●●ちゃんがいるから出勤しない」ということもよくあり、お店側が関係ないところで内部崩壊が始まり、結果的にお店に悪影響を与えることが多々あるのです。

もちろん、このようなことは個室があるだけで完全に防げるわけではありません。適度に巡回して〝変な絡み〟が発生しないかをチェックすることも必要ですが、そもそも個室があるのとないのとでは、大きな違いがあるのです。

個室の掃除は「女の子の仕事」と躾けよう

女の子の定着を増やすため、無用なトラブルを避けるために、もう1つ付け加えておきたいのが個室の清潔感です。

事務所は可能な限り清潔でなければいけません。毎日の掃除・換気は当たり前ですし、特に新型コロナウィルスへの対策として、消毒は欠かせなくなっています。

ただ、個室に関してはやはり女の子の場所なので、個室の清掃は基本的に女の子がやるべきことだということを伝えましょう。これも面接のときに伝えておくといいでしょう。風俗経験のある女の子には清掃は内勤スタッフがやるものだと間違った認識を持つ方がいるので早めに訂正します。

実は、この掃除の力は本指名を取れるかどうかにも影響していて、こういった基本的なことをきちんとできる子はプレイもおざなりにならず、お客様からの評判も良くで、本指名につながりやすいのです。

僕の考え方では「風俗嬢は人間力が基本」です。このような教育も、最初の段階にきちんと躾けるようにしましょう。

地元客から愛されるお店ナンバー1を目指しなさい

さて、こうして無事にお店をオープンさせると、オープンから2～3日後にはお客様からの電話が鳴るようになります。

ぽちゃデリFCのある店舗では、ホームページを起ち上げた当日に電話が鳴り、そのときはまだ女の子の採用がなくて取りこぼしになってしまった苦いケースがあるほど電話は鳴ります。

それだけFC本部でのSEO対策をしっかりやっているからなのですが、実際にオープンをさせると早くて1カ月、遅くとも半年以内には「地域名　ぽちゃ」の検索でSEOの1ページ目にあなたのお店が出るようになります。

もちろん、これはFC本部だけの問題ではなく、お店側でもホームページ内のコンテンツを充実させる必要があります。具体的には「写メ日記」「見えちゃっと」「メルマガ会員を増やす」の3つです。

これらは運営方法として詳しくお伝えしていきますが、デリヘルは事務所から20㎞圏内の地元客から愛されるお店でなければ意味がありませんので、そのための対策を店舗でも行っていきましょう。

そして、まずは地域ナンバー1を目指してください。

いい接客をして、基本プレイを丁寧に提供し、リピーターになってもらう。基本はこれだけです。地方になるほど、料金詐欺、写真詐欺増えます。真面目に経営するだけで早ければ1カ月で、遅くとも3カ月であなたのお店は黒字化し、収入も2桁台後半~3桁になることも夢ではありません。

リピーターで8割以上が埋まり始めれば、店舗数を増やして、さらに売上と収入をアップさせる道も見えてきます。

「千里の道も一歩から」ということわざは、すべてのことに通じます。デリヘル経営も、決して例外ではないのです。

第4章

儲かるデリヘルの店長の「運営力」

ぽちゃデリFCなら最低5時間営業でも稼げる

第3章でお伝えした手順をもとに、無事に開業はできました。

ただ、実際のデリヘル経営はここからがスタートです。当たり前のことですが、電話が鳴らなかったり、リピーターが生まれなければ、どんな商売でも続けていくことはできません。さらに、管理・運営していかなければ、経営を継続していくことはできません。

つまり、店長（オーナー店長）の「運営力」が売上を左右するのです。

営業でまず基本となるのは「営業時間」です。

これは、各FCオーナーによってさまざまです。法律上、デリヘルは24時間営業が可能ですが、事実上、それだけの人を揃えることを考えると24時間営業は無理があると僕は思います。

ただ、できるだけ長い時間、お店を開けたほうがいいのは事実です。それだけ儲かるからです。女の子も、お昼に働きたい子と夜に働きたい子がいるので、営業時間が長いとそれだけ広く集められます。

この辺りは、オーナーそれぞれの状況に合わせてもらえればいいでしょう。

ちなみに、僕のぽちゃデリFCオーナーの多くは朝10時から深夜3時までの営業時間&年中無休でやっていますが、中には17時～24時で店を閉め、週1日の定休日を設けてスタートしたオーナーもいます。黒字を確信後、完全に脱サラをし活躍中です。

ピークタイムを押さえれば時短営業も可能

ただ、絶対に外してはいけないのは「ピークタイムの営業」です。

デリヘルのピークタイムとは19時～24時の5時間で、この時間帯だけ営業しても充分に稼げる〝かき入れ時〟なのです。

営業時間が長いとそれだけ多くのお客様に利用していただける半面、時にはダラダラとした営業になることもあります。それにお客様のほうも、結局は可愛い女の子や人気嬢がいる時間帯に合わせて電話をかけてくるので、どちらかと言うと大事なのは営業時間よりも出勤の層の厚さが重要です。

それだったら、あえて営業時間を限って、かき入れ時に層を厚くして一気に集客したほうがダラダラ営業と同じくらい（もしくはそれ以上）に稼げます。

それに、どんな仕事でもそうですが、長時間勤務は疲れます。それでは元も子もありません。

ですから長時間営業にこだわらず、お店の人材の状況に合わせて営業時間を考えればいいのです。

お店の定休日はオーナーの裁量で作ってOK

もう1つ、意外かもしれませんが、僕のぽちゃデリFCでは定休日を設けることもできます。

風俗営業と言えば年中無休が基本のような気もしますが、他の業態と同じように定休日を設けていいと僕は考えます。もちろん、これはオーナーの采配で決めてしまって構いません。

具体的に何曜日を定休日にするかというと、「一番アクセスが悪い日」です。

お客様からの電話が鳴りにくい、女の子の出勤が悪い……など、アクセスの悪い日を1カ月くらいでデータを取って、思い切って定休日を設けてしまうのです。

「売上が下がるのではないか？」という懸念もあるかもしれませんが、実際のFCオーナーの例では、定休日前日・明けの売上が上がって、データ上、月の総売上が変わらなかったケースが多数です。


もしくは、お店は開いているけど店長が休みを取るパターンで考えてもいいでしょう。

この場合は代わりに店長をしてくれる人を見つけなければいけませんが、例えば、キャストとして働く女の子が「自分も店舗運営をやってみたい（いずれは店長になりたい）」という場合などに、チャレンジとしてやらせてみるのです。

もちろん、最初から丸一日を任せるわけにはいかず数時間単位になるかとは思いますが、その辺りは臨機応変にやっていけばいいと僕は思います。

定休日についても、毎週は厳しいと思うなら、隔週（2週間に一度）にするなど工夫をして、オーナーの裁量で休みを作ればいいのです。

料金体系は健全なポッキリ価格

では次は、料金体系についてお伝えしていきましょう。

僕のぽちゃデリFCでは、ベースとなるコースの料金が60分8000円です。入会金や指名料や電話予約料などは無料（本指名料は1000円）で、健全なポッキリ価格。

これにホテル利用の場合はホテル代が、オプションをつける場合は追加料金がかかります。デリバリー先をホテル（レンタルルームなども含む）以外にする場合は、地域によって送迎料がかかります。

ぽちゃデリ業界も、かつては60分1万2000円が当たり前の世界でした（僕が始めた10年くらい前の話です）。そこを最初に僕が1万円で価格破壊し、マネをするライバル店が増えたためにさらにギリギリの8000円にまで下げました。

ちなみに現在でも、素人店などは60分で1万5000円からの料金からのスタートのところが多いです。そういう意味で、ぽちゃデリFCの価格設定は破格と言えます。

ただ、60分8000円はあくまでもベースの価格と考えてください。

20分ごとに時間が延びればそれだけ料金は上がっていきますし、3P以上の複数プレイコースや、店舗によっては完全予約制のお泊りコースなどになると、金額は数万円の単位に変わります。

リピーターが増えることによって本指名でロングコースを利用するお客様や、複数プレイ、お泊りコースを利用されるお客様が増えますので、健全に経営していることで必然的に売上はどんどん上がっていくことになります。

女の子とお店の取り分は50：50

数字的にややこしくしないために、便宜上、60分8000円を基準に話を続けます。

このうち、女の子の取り分＝バックは50％です。つまり女の子は、基本プレイをきちんとしていればお客様1人につき4000円は稼げることになります。

風俗店によっては定着率を上げるために女の子の取り分を増やしたり、逆に悪質な店ではお店側の取り分を多くしたりするところもありますが、僕のぽちゃデリFCでは潔く折半です。だから、努力する子は稼げるのです。

オプション料金は女の子が全部取る

そして、「電マ」や「即尺」や「顔射」などの各オプションはどれでも一律500円です（全オプションつきの「オールオプション」は2000円）。

女の子によって可能なオプションの有無はありますが、オプションの500円はすべて女の子が総取りで、体を張ってがんばった分、きっちりもらえる仕組みにしています（お店が中抜きすることはありません）。

先述の本指名料の1000円も、お店側が中抜きすることなく、女の子の総取りとなります。基本プレイでがっちりお客様の心をつかんだ努力が、きちんと報われるような仕組みなのです。

潔い料金システムが不正の芽を摘んでくれる

このようにポッキリ価格を設定し、女の子の取り分に関しても〝潔い形〟にしているのは、無用なトラブルを避けるためです。

まず、第2章でお伝えしたような「プチぼった」をするようなお店にはしたくありません。ですから、基本料金に関しては明朗で、表示されているもの以外をお客様からいただくことはありません。

そして何より、女の子の取り分をこのような形にしているのは、お店側が搾取をすることで不正が起こりうる可能性を潰すためです。

一般的な風俗店では、オプションは1000～3000円などの階段型にしているところもあれば、一律2000円だけどお店が半分を持って行くところもあります。

そのやり方自体を否定するつもりはありませんが、お客様からすると高いオプションは遊びにくいですし、女の子からしても、自分が体を張るのにお店に半分持って行かれるのでは納得がいかないでしょう。

こういった不満の種は、不正の芽を生みます。

基本料金のみで利用をして、いざ2人きりになったときに「オプション料金は直接で」ということが起こり得てしまうのです。当然、お店側はこれを管理しきることができません。

だったら、最初からお店が中抜きするようなことをせず、すべて女の子にあげてしまえばいい、というのが僕の考え方です。

女の子自身も自分の稼ぎに直結することなので、ちょっとがんばってNG項目を減らしてみようという努力をするようになります。

固定費も含めて、月にいくら手残りがあるか？

では実際に、このシステムで1カ月にいくら手残りが考えられるのか？

第2章でもお伝えしましたが、僕のぽちゃデリFCでは儲からないお店でも、営業純利益＝手残りが70万円はありますので、これをベースに考えてみます。

60分8000円のコースしか利用されなかったと仮定して、一日に10人しかお客様が来なかったとします。その場合、

8000円×10人＝8万円

の売上になります。

さらに、これが1カ月間（30日間）続いたとして、

8万円×30日＝240万円

これが1カ月の売上ということになります。
実際はフリー50分のお客様や、ロングコース利用のお客様、本指名料やオプション料、女の子の給料アップ分（後述します）などもありますが、ここではわかりやすくイメージしてもらうために割愛します。

売上240万円のうち、女の子の取り分が50％なので、総額で120万円です。
さらに、固定費が約50万円かかります。内訳は次の通り。

- 家賃　約10万円
- FC料　15万円
- 広告費　約20万円
- 雑費（水光熱費、電話代など）　約5万円

計算すると、

240万円－120万円－50万円＝70万円

手残りは70万円になります。

12カ月分で考えると、**年収840万円が手元に来ることになります。**1000万円まであと一歩ですが、それでも充分な収入なのではないでしょうか。

ただ、これはあくまでも儲かっていないお店での話で、実際の立地や運営の仕方によっては、さらなる売上アップも可能です。固定費に関しては家賃によって10万円前後の増加は考えられますが、全体から考えるとそれほど大きなシェア率ではないでしょう。

これはあくまでも一例としての考え方として参考にしてください。

女の子の基本給は0円。なぜなら完全歩合制だから

風俗店の利用をしたことがある人や、風俗店のホームページをよく見る人であれば、ここでもしかしたらピンときたかもしれません。

「あれ？　女の子の基本給保証は必要ないの？」

あまり風俗店になれていない人であればご存知ないのも無理はありませんが、多くの風俗店の場合、女の子の求人欄には一般的な給料の目安や試算例とともに「日当●万円保証！」という文

字が躍っていたりします。

これは要するに「まったくお客様が付かなくても●万円はお給料がもらえます」という保証です。これをつけていないと女の子が集まらない（集まってもすぐ他へ移る＝辞める）ため、つけているお店が多いです。


ですが、僕のぽちゃデリFCでは、完全歩合制を敷いており、基本給保証をしていません。

僕の考え方では、保証があることで「働かなくてもお金が入る」という考え方になり、それはやがて「働いたら損」という堕落した考え方に変わってしまいます。それでは本指名をもらえるようなサービスはできませんし、お店の評判も悪くなり、お客様が来なくなってしまいます。

さらに言うと、例えば3万円を保障するとして、一日に10人の女の子が出勤した場合、自動的に30万円が飛んでいってしまうことになります。こういった、お店側のリスク低減を考えてのことでもあります。


それよりは、完全歩合制で、がんばった分だけきっちり稼げる仕組みのほうが、女の子もお客様も、そしてお店もハッピーになると思っています。

というか、そういう営業を心がけ、女の子にがんばってもらえるようモチベーションを高めていくのが店長の仕事だと思うのです。

風俗業でも電話対応は「迅速&丁寧」を心がける

さて、ここからは実際の運営に話を移していきましょう。

第3章で、お客様からの利用の電話に関しては、繰り返しお伝えしているように早いところで初日から、遅くとも数日で鳴るようになります。

大事なのは電話が鳴ってからの店長の対応です。

「迅速&丁寧」な電話対応を心がけてください。

お客様からの電話は3コール以内で出る

電話は可能な限り3コール以内で出るようにしてください。

これが「迅速さ」です。

そして、必ず「お電話、ありがとうございます。ぽちゃデリFC●●店です」と、明るくシャキシャキした印象を与える声のトーンで言います。もちろん、敬語で。これが「丁寧さ」で、基本中の基本です。

風俗を利用するお客様はみんなドキドキして電話をかけてきます。ですから、不愛想な対応ではなく、相手を安心させる誠実な対応を心がけましょう。

誠実感を演出するためには、早口にならないよう注意して（特に方言が入ると早口になりがちです）、自分でも思うよりも1・3倍くらいゆっくりめに、ペースを相手に合わせ、かつ標準語を心掛けるといいでしょう。「一般のコールセンター」が見本です。

非通知着信はスルーしてしまって構わない

とはいえ、必ず3コール以内に出られるかというと、そうではないと思います。

ちょうど他のお客様からの電話でキャッチフォンになってしまったり、店長自身がトイレに行っていて電話に出られなかったり……と、どうしようもない状況はあります。

そんなときは、キャッチフォンであれば「申し訳ありません。●分後にかけ直させていただきます」と対応、不在通知の場合は折り返して対応します。

「お客さんは非通知でかけて来たりしないの？」

もしかすると、そんな風に思うかもしれません。鋭いです。

確かに、風俗店に個人情報を知られるのが怖くて非通知設定でかけてくる人はいます。

ですが、データ上、非通知設定での着信は月に5回程度です。僕のぽちゃデリFCでは非通知のお客様からの電話は取らないこと（非通知拒否）にしています。同業者が嫌がらせでかけてくる際や、マナーの悪いお客様が非通知を利用することもあって、電話番号を通知することを「見えない抑止力」にしているからです。

丁寧な電話対応にデメリットは1つもない

このような迅速で丁寧な電話対応を心がける理由は、そこにデメリットが1つもなく、メリットしかないからです。

まず、風俗業界では、未だに高額な店でも電話対応が不愛想なことが多いです（もちろん、丁寧な接客をする高級店もありますが）。「媚びなくても客は来る」と思っているからなのか、乱暴ではないにしても慇懃無礼（言葉や物腰など表面だけ丁寧な様を装う態度のこと）であったりします。

ですから、丁寧で誠実な電話対応をするだけで、充分に差別化ができますし、お客様が受け取る安心感や印象も良くなります。

そして、こちらからの提案をお願いしやすくもできるからです。

詳しくは後述しますが、新規のお客様にはできるだけメルマガ会員になってもらうようおすすめをします（そのほうがお客様のメリットがあるからです）。

他にも、新人の女の子をつける際には「プレイ後のアンケートのご協力」をお願いすることがあります。もしも、そこで女の子のプレイが良くなかった場合は具体的にどう良くなかったのかをヒアリングして、女の子への教育と、お客様へのリカバリーをしなければいけません。

丁寧であれば、その際にも協力してもらいやすくなります。

さらに、風俗店は女の子が資本です。

女の子も人間ですから、予約が入っていても急に体調を崩したり、女性特有の症状が現われて出勤できなくなるリスクが常にあります。

そんなときでも、普段から丁寧な対応をしていれば、お客様に大目に見てもらえたり、別の女の子を紹介しやすくもなります。

受付の時点で「ないとは思いますが、万が一、当日欠勤の可能性もあるのでご了承ください」

「当日欠勤になった場合は、お店から電話をさせていただいてもよろしいですか?」とお伝えしておくと、さらにいいでしょう。

目標は月50人。店長はメルマガ読者を増やしなさい

先述の「メルマガ」について補足をします。

普段の業務では、店長の仕事は電話対応に加えて、女の子の出勤管理や広告サイトも含めた各種情報の更新がありますが、特に重要なのがメルマガの発信です。

なぜ、メルマガが重要なのかというと、メルマガはお店側からお客様にアクションできる唯一の集客ツールだからです。ホームページも広告サイトも、どちらも基本は情報を載せた上での〝待ち〟の営業スタイルですが、メルマガだけは打って出る〝攻め〟の営業をすることができるのです。

ちなみに、メルマガに似た機能ものとしてLINE@がありますが、こちらは風俗系のほとんどがBAN(利用禁止措置)されてしまいます。同じくSNSのFacebookや

Instagramでの広告という手段もありますが、こちらもBANされやすいので望みは薄いです。Twitterが比較的BANが少ないのでオススメです。

メルマガでお店側が発信する情報は、次のようなものです。

- 毎日の合言葉
- 営業開始（営業開始時間）のお知らせ
- ゲリライベントの告知（暇な日に「今から●時まで1000円オフ」など）
- 人気の女の子が出勤したことのお知らせ
- 本日からの新人（体験入店も含む）の紹介
- 雨の日（雪の日など）の特別キャンペーン告知

これらの情報を「ランチタイムに1回」「営業スタート時に1回」のトータル2回で毎日発信するのです。昼過ぎにオープンは1回で問題ありません。

ホームページ上でもメルマガ登録を促す通知はしていますが、それよりかは電話口で店長が直接メリットを伝え、入ってもらうほうがずっと登録率は上がります。

例えば、メルマガでは「毎日の合言葉」を発行します。

これはメールを見て電話をかけてきた人が、その合言葉を言うと自動的にプラス10分が無料でつく仕組みです。60分8000円が70分8000円になるのでとてもお得です。毎日発行され、何回でも使えます。

これを、新規のお客様であれば電話対応をしている際に「良ければ、当店のメルマガに登録しませんか？　今、登録していただいたら今からのお遊びコースをプラス10分にできますよ」とアナウンスするのです。

お客様にとってデメリットがないので、登録率は上がります。

他にも、人気の女の子が何時から出勤するのかを伝えればその時間に電話が鳴ります。新人狙いのお客様であれば、新人の情報を流せば電話をかけてくれます。

特に、新人の場合は初日がとても大事です。初日にお客様が1人もつかなければ稼ぎは0円です。逆に、メルマガで告知して数人でもつけば、それなりに稼げて定着率も上がります。

ゲリライベントは暇な日に突然やることで集客できますし、例えば「雨の日1000円割引」のような、客足が遠のいてしまうシチュエーションで活用することもできます。

このようにして、月に50人ずつ増やしていくことを目標に、店長はメルマガ会員獲得に積極的に動きましょう。

こういうのは分母の数が大事です。例えば、反応率が5％だとして、20人に送ると反応してくれるのは1人になりますが、１００人だと5人になります。３００人だと15人です。つまり、反応率が変わらなくても、分母を増やせばリアクションの数は自然と増えるわけです。

僕のぽちゃデリＦＣの中には２５００人のメルマガ会員がいる店舗もありますが、そこまで行かなくても、５００人もいればそのお店はリピーターでかなり回せるところまで行けるはずです。

店長は「お客様の声」に耳を傾けなさい

メルマガ会員を増やしていくのと同時に、店長は普段の営業から「お客様の声」を積極的に集めることを欠かしてはいけません。

電話対応で言えば、特に入店間もない新人さんの場合、事前にお客様に協力をお願いし「プレイ後のアンケート」で店長側から電話をかけ、「どういうところが良かったか」「どういうところが良くなかったか」を集めておかなければいけません。

良かったところは女の子をほめる材料になりますし、良くなかったところは指導する内容にして、女の子を教育する材料になるからです。

お客様によって感想は違うかもしれませんが、ほめ言葉であっても改善点であっても、同じ内容が複数回あるようであれば、間違いないと考えることができるでしょう（いきなりお客様に電話を掛けるとビックリしてしまいますので、必ずプレイ前に事前確認を取ることと、常連さんが望ましいです）。

お客様から直接話を聞く以外にも、口コミサイトはお客様の声を集める絶好の場所です。口コミ風俗情報やシティヘブンなどで口コミが掲載してもらえる率は利用されたお客様の10％ほどで、これは結構多い割合です。

さらに、僕のぽちゃデリFCでは口コミを書いてくださったお客様には次回利用時に2000円オフにする特典をつけています。これも電話でお伝えすることで、プレイ後に口コミを書いてもらえる確率を上げたり、リピートしてもらえる可能性を上げることができます。

口コミサイトに口コミが書かれても通知は来ませんので、店長は積極的に自ら口コミを確認しに行くことを欠かしてはいけません。

また、ホームページ上でもアンケートを取っており、これは内容が書かれたらすぐにお店にメールが入るシステムを設けているので、そこから情報を得ることもできます。

お客様の声は真摯に受け止め、改善する

どのような形であれ、お客様の声を集めたら、それを真摯に受け止め、必要であれば改善をしていく必要があります。

口コミには「改善してほしいポイント」というものがあり、中には無茶なこともありますが、実はそこに答えが隠されていたりもしますので、すべてを無視することはできません。

あるいは、「ここはこうしたほうがいい」という具体的な指摘がある場合もあります。そういう意見はありがたく頂戴すべきです。例えば「○○ちゃんは、在籍写真より実物の方が良い」の声を頂いたら、すぐに撮り直しを！

もちろん、健全な経営をし、ぼったくりをせず、仮に料金を間違えて余分にいただいてしまったときには即座に返金するなど、真摯な対応を心がけていると、改善点だけではなく、お客様からのほめ言葉もいただくことができます。それはきっと店長にとっての仕事の活力になるでしょう。

「もしも自分がお客様だったら？」という視点で考える

お客様の声を参考にする以外にも、自分がもしも自分のお店を利用したときに「果たして対応や接客はリピートしたくなるものかどうか」という視点で見ることも重要です。

例えば、電話をかけたときに低い声で、めんどくさそうに、しかもタメ口で電話に出られたらどうですか？　丁寧でも、明らかにこちらをバカにしているようなニュアンスを感じ取れたら、どうでしょう？

もう二度と利用したくないはずです。

料金も表示価格と実際の価格が違ったり（ホームページを見て計算した概算価格と違ったり）、パネルマジック（女の子の写真と実物が違い過ぎること）が酷かったり、プロフィールに書かれているキャラと実際のサービスに大きな差があったり……とガッカリ系のネタは尽きませんが、一度でもそういうことを経験してしまうと、風俗店に対する印象は一瞬で白から黒へ変わります。

というか、風俗を利用するお客様のほぼ１００％が、そのような経験をしていると思っていいでしょう（ちょっと言い過ぎかもしれませんが）。

ですが、だからこそ、僕のぽちゃデリＦＣでは健全な経営をして、「騙されるんじゃないか……」と心配をしているお客様たちに誠実に対応し、電話対応や接客をちゃんとやるのです。

それは単にお客様のためだけのことではありません。お店や、そこで働く人たちのためでもあるのです。

お客様を騙して金儲けをするようなところは、トップは良くても従業員や女の子たちはその騙しに間接的にでも加担することになり、心を痛めてしまうからです。

最低10回は風俗経験をして来てください

そういう意味では、僕はＦＣオーナーになりたい人に必ず伝える言葉があります。

「とりあえず、開業前に最低10回は風俗経験をしてください」

デリヘルのＦＣオーナーになろうというのに、実際に風俗経験が一度もない人が（少ないですが）存在しているのです。これでは、風俗店を利用するお客様の気持ちは絶対にわかりません。

だから、このセリフを言うのです。

10回とは、同じ店ではダメです。違う店で、できればソープランドやファッションヘルスやデリヘル（ホテヘルも含む）……という複数ジャンル。

ソープランドでも60分2万円の大衆店もあれば、120分で10万円近くする最高級店もありますので、そこへ行ってどんな風に電話対応や接客が違うのか、どういうところを参考にできて、どういうところをマネしてはいけないのか、ということを学んでもらいたいのです。

このような「他店の視察」は非常に重要です。どっぷりハマらないよう、気を付けてはもらいたいですが（笑）、必ずしておくようにしましょう。

軌道に乗るまではマニュアルには手を加えないこと

その上で、ぽちゃデリFC経営を始めたら、やはり軌道に乗るまでは、僕の作ったマニュアルから外れることなく、書いてある通りに従ってもらいたいと思います（読者の皆さんで言うなら、本書がそれです）。

大事なのは、一気に儲けるのではなく、長く〝儲け続ける〟ことです。

そのためには、僕は10年かけて作った成功法則を、まずは軌道に乗るまで愚直に継続してもらいたいのです。

幕末の政治家・勝海舟の言葉の中に次のようなものがあります。

『事を遂げるものは、愚直でなければならぬ。才走ってはいかぬ。』

愚直という言葉を言い換えるなら「ひたむきに」「馬鹿正直に」となるかもしれません。それで構わないので、まずは真っすぐに実践して、さっさと黒字化してください。

そして、黒字化をして収入が上がったら、欲しいものを買ってもいいですが、それよりは貯金をしてください。

人気店は「おもてなし」を反復学習している

さらに、130店舗のぽちゃデリFCオーナーの例で言うなら、人気店の店長であればあるほど、マニュアルをリマインドする習慣を持っています。

どんな人であっても、慣れてくると型が崩れてきます。手を抜いてしまったり、端折ってしまったりして、最悪の場合はこれまでのクオリティを維持できなくなっていきます。

そんなときのために、常にマニュアルを読めるように自分のデスクの手に取りやすいところ・目につきやすいところにマニュアルを置いています。そして、常に読める状況を作っています。

逆に、人気のないお店の店長は1回読んで終わり。質問も相談もすることなく、「なんでうまくいかないのかなぁ……」と悩んでいます。

面白いもので、差がはっきり分かれるのです。

そんなことにならないよう、まずはマニュアル通りにやり、慣れてきてからも、反復学習ができる店長になってください。

「集合天才理論」～困ったことがあったら相談しなさい～

実は僕、ちゃんこ@ナベオは、過去にYouTubeの「フランチャイズチャンネル」に出演させていただいたことがあります。2019年9月に2回、ゲスト出演したこのときの反響で、ぽちゃデリFCの開業スピードが加速し、メディアの取材も受けることになりました。

このときにフランチャイズチャンネルのFCプロデューサー竹村義宏さんから教えてもらった「集合天才」という理論があります。

簡単に言うと「各専門分野における突出した才能を集めれば、1人の天才を凌ぐ存在を作り出すことができる」という考え方です。

ぽちゃデリFCのオーナーになると、マニュアルを読んでいても、必ず疑問点や質問・相談をしたいことが出てきます。というか、「出てこない＝読んでいない（目で追っているだけ）」のと同じだと僕は思います。

そんなときは、必ず僕に相談をしてもらいたいのです。僕はレスポンスを早くすることを常に心がけていますし、質問されたことには必ず納得できる答えをお返しできるよう、常にノウハウを更新し続けています。

他にも、僕がどうしても対応できないときに、代わりに連絡の取れる先輩FCオーナーや、広告代理店の人を含め、最低でも5人以上の「専門分野の突出した才能」を紹介します。

彼らとコミュニケーションを積極的にとる、集合天才理論を活用してもらいたいのです。

また、僕のぽちゃデリFCでは先述の通り、積極的にFCオーナー同志交流して、切磋琢磨してもらいたいと考えています。そうしていく中で意見を出し合い、より良い化学変化が起こり、「ちゃんこ」は進化し続けたのです。

FCオーナーたちは確かに1人の経営者として自立した存在ではありますが、決して〝独り〟ではないということを忘れないでください。

第5章

ぽっちゃり女子を幸せにする店長の「管理力」

儲かるぽちゃデリ経営は店長の人間力が10割

本章では、実際に店舗運営をしていくときに、特に重要になってくる「女の子の管理」について詳しくお伝えします。

店舗なし、仕入れなし、在庫なしで経営できるデリヘルですが、最も大切な「資源」がデリバリーする女の子たちです。女の子がいなければ、どれだけ立地が良くても、どれだけブランド力があっても、1円も稼げません（そもそも電話が鳴りません）。

つまり、店長（オーナー店長）の店舗運営は、お客様対応やホームページや広告サイトの更新といった事務作業に加えて、女の子の定着率を上げるための管理も非常に重要な仕事なのです。

僕はこの店長の能力＝店長力において、儲かるお店を経営するためには店長自身の人間力が10割だと考えています。

「人間力」と一言で言ってしまうのは簡単ですが、具体的に言えばそれは次の3つに分けることができます（あくまでもぽちゃデリFC経営のための人間力です）。

- マニュアル通りにやる（素直さ）
- 聞く力（空気を読む力）
- 身だしなみ（清潔感）

1つ目のマニュアル通りにやることは、ここまで再三お伝えしてきているので割愛してもいいでしょう。読み直す意味で前章の内容を見返してもらえればと思います。

ここではあえて、女の子管理にフォーカスしながら、2つ目と3つ目について詳しくお伝えしていきましょう。

週3〜5人の面接希望者が来る。空気を読める店長のお店は女の子の定着率が良い

2つ目の「聞く力」は「空気を読む力」と言い換えることもできます。

女の子たちは、当たり前ですが「女性」です。男性ではありません。男性とは体の構造はもちろん、頭の中も全然違う生き物です。

当然ですが、抱えている悩みも男性とは違うものだったりします。そういったことを踏まえて、

彼女たちの話に耳をかたむけたり、ちょっとした変化に気づき、声をかける、時にはあえて声をかけない、と言った空気を読む力が店長には必要です。

例えば、毎日の出退勤の「おはようございます」「お疲れさまでした」の言葉にどこか元気がなかったり、ふとした瞬間に沈んだ表情をする、といったときには「何かあった?」と声をかけてあげます。

女の子がそれで話をしてくれたら、聞き役に徹して「そうなんだね」「なるほどね」「そういうときあるよね」といった相槌で、相手の話を〝聞いてあげるだけ〟でいいのです。

女性はしゃべることでストレスを発散させる生き物なので、特に解決策を出さなくても(解決が必要なトラブルであれば別ですが)解決したりします。

逆に、女の子の機嫌が良かったり、ちょっと髪形やネイルを変えたり、新しい服装をしていたら「それ、可愛いね。」「髪切ったの? 似合ってるよ」と一言声をかけてあげるだけで上機嫌になります。

これも聞く力(空気を読む力)です。

「ちゃんこ」のブランド力と求人サイト掲載マニュアルがあれば1週間で3人~5人が面接に必ず来ます。女の子の空気を読んで、気分を上げ、離職率を下げるのが大成功のカギです。

店長はせめて小奇麗な服装で仕事をすること

3つ目の身だしなみで特に気をつけたいことは、清潔感です。

女性に「理想のタイプの男性」を聞くと、9割以上の確率で「清潔感」というワードが入ってきます。そのくらい清潔感は大事です。

すでにお伝えした待機室の清潔さはもちろんのこと、事務所の掃除に加えて、店長自身も身だしなみを整えて、清潔感のある見た目、振る舞いを心がけましょう。

髪型をきちんと整える、髭を剃る（デザイン髭にする）、体臭・口臭のエチケット、勤務中は部屋着を着ないなど、「スーツを着ろ」とまでは言いませんが、社会一般の常識から外れない範囲での服装と身だしなみを心がけてください。

これら3つの人間力を自然と上げ、維持できる店長のお店は女の子の定着率も良く、モチベーション高く働いてもらえるので、お客様からの評価も上がり、必然的に売上にも影響します。

女の子にがんばらせるのは「見えちゃっと」と「写メ日記」

人間力を高めた上で、店長が女の子に促さなければいけないのは、基本プレイだけではありません。

基本プレイはやるべきことの最低ラインです。

本指名を取れ、人気嬢になれる子、お店自体にお客様をリピートさせられる子に育てていくためには「見えちゃっと」と「写メ日記」を欠かさないよう教育していかなければいけません。

女の子とお客様がリアルタイムで会話できる「見えちゃっと」

「見えちゃっと」は各店ホームページ内にあるライブチャット・ツールで、専用サイト内で女の子とお客様がリアルタイムでチャット（おしゃべり）を楽しむことができます。

待機中の女の子が、見えちゃっとでお客様とやり取りをすることで、利用してもらうためのあと押しをしたり、何気ない会話でコミュニケーションを取ることができ集客に繋がります。

女の子側は文字＋音声でメッセージを発信でき、お客様側は文字のみ。複数のお客様が入ることができるので、その女の子だけのファンクラブのようなものができることもあります。

ハンドルネームと文字だけなので気軽にやり取りができますし、お客様同士で喧嘩をするようなタチの悪い人は店長側の操作でチャット内から退場させることもできます。

女の子にとってのブログ「写メ日記」

もう1つの「写メ日記」は、もともとはシティヘブンという広告サイトがスタートさせたサービスですが、今や風俗店では当たり前のツールになっています。

要するに、風俗店で女の子の写真つきブログだと考えてください。

風俗店を利用するとき、お客様はまず女の子の写真を見ます。そして、気に入ったらプロフィール文（スリーサイズや可能プレイ、店長コメントなども含む）を読みます。

そして、必ず写メ日記をチェックします。写メ日記の文面に表れている女の子の雰囲気や性格、そして写真から指名しても後悔しないかどうかを探ろうとするのです。

「見えちゃっと」と「写メ日記」はメルマガとともにとても重要な集客ツールです。

メルマガがお店からメッセージを発信できるツールだとするなら、この2つは女の子からメッセージを直接発信できるツールと言えるでしょう。

実際にぽちゃデリFCの各お店でも、これらのツールを積極的に活用し、自分から情報発信をしている女の子が人気嬢になっています。逆に、これを怠る子は指名が入らず、なかなか稼げないなど、差がつく世の中になってきました。

これは昔に比べてインターネットが発達し、SNSや動画サイトで自分の情報を発信しやすい世の中になったこと、受け取り手もそれを期待している世の中になったからだと思います。

ですから、店長は女の子たちに積極的にツールを活用するよう、促していくことが必要なのです。

写メ日記ブレイクのコツは「ムラムラ」と「お礼」

写メ日記について、補足しましょう。

実際に写メ日記にはどのような内容を書けばいいのか？

これはストレートに言ってしまうと、お客様が女の子に期待するもの――つまり、エロいものです。お客様はムラムラした気持ちを発散させるために風俗店に行くので、写メ日記もそれを促進して「この子にしよう！」と思わせるものでないといけません。

具体的には、胸の谷間やお尻、ブラジャーやパンティ（ブラチラ、パンチラ）などです。全部出してしまうとそこで満足されてしまいますので、あくまでもギリギリで、「実物を見てみたい」と思わせるくらいの加減が必要です。

メッセージもそれに合わせて「今日はこんなの履いてます。直に見たい人、待ってます」「新しくこんな下着を買ってみたんだけど、似合うかな？」「今日はこんなコスプレをしてお待ちしています」など、艶っぽさを出す感じが理想です。

ただ、1つ気をつけてもらいたいのは、顔出しはあくまでも身バレしないよう、少し隠し気味（顔半分にだけスタンプを貼る、など）にするようにしましょう。

身バレによって女の子が辞めてしまっては元も子もありません。ポイントはチラリズムでお客様のムラムラを掻き立てることです。

「お礼日記」は一対一のコミュニケーション

写メ日記の内容としてもう1つおすすめなのが「お礼」です。これは「お礼日記」という言い方もします。

利用してくださったお客様に対して、女の子のほうからお礼のメッセージを写メ日記の内容として発信するのです。お客様からするとストレートに自分のことについてメッセージされるので、女の子に対する印象が一気に良くなり、心の距離が近づきます。

文面も「●●ホテルで19時に会いに来てくれたAさん、残業帰りに来てくれてありがとう。久しぶりに会えて嬉しかったよ」「ちょっと緊張気味で遠慮がちだったね、次はもっと触って」「わざわざオシャレして来てくれてありがとう。●●の時計、似合ってたよ」など、その人だけにわかるちょっとした内容を入れるのがコツです。

短くても構いませんので、女の子とお客様の一対一のコミュニケーションの場だということを意識して書かせてみましょう。

写メ日記については、利用するお客様は１００％読んでいる前提で考えてもらって構いません。「今日は17時~25時でいます」「久しぶりの出勤です。18時からです」という事務的なものではなく、エロとお礼の切り口で、お客様を喜ばせる内容で考えてみてください。

女の子の給料はどのように上げればいいのか？

さて、ここまでの流れで店長が女の子に促すべき〝仕事〟についてはお伝えしてきました。真面目に努力のできる子であれば、やがて本指名がつき、中には本指名だけで予約が埋まる人気嬢になる子も出てくるはずです。

コンスタントに本指名が取れるようになってくると、当然ですが、女の子の給料もアップしてあげないといけません。オプションと同様に、女の子が体を張ってがんばっているのですから、お店もそれに応えてあげてください。

僕のぽちゃデリＦＣでは女の子の給料アップの方法が明確に決まっています。月の本指名の数が多ければ、翌月にバックを増やしてあげるのです。

例えば、4月の1カ月間で本指名を10本取れた子がいたとします。すると、5月からは1本の取り分に２５０円をプラスします。60分８０００円で考えると、４２５０円になる計算です。20本取れるような人気嬢はさらに２５０円アップして、４５００円にします。

この小さな刻みがとても重要です。

このバックがもしも1000円だったとすると、1本が5000円や6000円になり、女の子にとっては嬉しい結果に思えるかもしれません。ですが、もしも5月の本指名が10本に届かなかった場合（例えば、今回のコロナ禍のように不測の事態で客足が遠のくような場合）、一気に1000円の時給が減ってしまうことになります。

この差は金額としてだけでなく、マインド的にも大きく影響します。

250円という絶妙な額が、かんばればがんばるほど自分に帰ってくる女の子のモチベーションになり、下がったとしてもダメージが少なく、またがんばろうと立ち直りやすくなるのです。

人気嬢・可愛い子にはプレミア価格をバックする

給料的な差別化として、月に10本以上、コンスタントに本指名を取り続けられる子や、もともとルックスが良くて可愛い（美人な）子には「プレミア価格」としてプラス1000～2000円の特別キャストにしてしまうのもいいでしょう。

お客様的にもプレミア嬢で可愛さが保障されているので、大きな負担と思わずに支払ってもらえます。もちろん、人気嬢は基本サービスのレベルが高いので、お客様満足も高いものを得られます。このバックに関してはすべて女の子に渡してあげます。ルックスがいいのも、本指名をたくさん取れるのも、すべてはその子の努力の賜物だからです。

ちなみに本指名の本数ですが、10本や20本はそれほど難しい数字ではありません、多いと月100本の本指名を取る子もいるくらいです。さすがにこのクラスは別格なので、超プレミア嬢です。

また、本指名の数は「時間」では換算されません。例えば、60分コース2本と120分コース1本ではトータル時間は120分で同じですが、本数的には前者が2本、後者が1本です。

この理由は、お客様の数でカウントしているからです。

これもポイントで、時間でバックを上げてしまうと、そのお客様がもしも離れてしまったときに下がる額が一気に大きくなってしまうからです。女の子にとっては格好が悪いので、モチベーションを大きく下げてしまいます。

上げ幅が細かい代わり「60分4000円」という女の子の基本給料は下げません。そうやってバランスを取っているのです。

差別ではなく区別を！キャストの「1・2・3・4軍」について

お店を運営していると、必ず女の子に差が生まれてきます。

差別は良くないのですが、現実はがんばる子とそうでない子によって〝軍枠〟のようなものが生まれてしまうのは仕方がありません。


「1軍」はルックスが良くて仕事もがんばる子や、ルックスはそこそこでも努力家で、愛嬌があり、本指名を取って行ける子。

「2軍」はルックスが良くても努力が足りなくてなかなか本指名にまでは結びつかなかったり、もう一歩、自分磨きをすれば光るようになる子。

「3軍」はそこまでは及ばない、もう少し努力や自分磨きが必要な子。

いいお店は1軍が2～3割、3軍までで全体の9割の女の子を賄える店です。この割合はお店によって変わってきますが、基本はここを目指してもらいたいと思います。

そして、さらに言うと3軍の下に「4軍」がいます。

まったくやる気がなく、見えちゃっとも写メ日記もせず、待機室で（仕事中なのに）グーグー寝ていたり、時にはお客様からクレームをもらい、それでも特に反省をしている様子のない子です（ちなみに、そういう子が好きな珍しいお客様もいます）。ダメなお店は4軍の割合が多いです。

必ずこの4つの軍枠は発生するものと思ってください。

そして、4軍の割合を減らし、1・2軍の割合を増やし、出勤率を上げるのが成功への近道です。

人気嬢には「ほめる」「おごる」「送迎する」

ただ、店長としてはできるだけ1軍（せめて2軍以上）の子には出勤をしてもらいたいものだと思います。人気嬢に出勤を増やしてもらうコツが3つあります。

それが「ほめる」「おごる」「送迎する」です。

まず、「ほめる」ですが、これは絶対に一対一のときにやってください。みんなの前でやってしまうと、嫉妬の対象になってしまうので危険です。

この注意点を守った上で、「今日も来てくれてありがとう」「髪型バッチリで可愛いね」と、出勤してくれたことへの感謝とルックスをほめましょう（ルックスの良さは女の子の努力の賜物だからOKです）。

さらに、「●●ちゃんのこと、お客さんが『また指名したい』って喜んでたよ」「お客さんから『●

月●日に指名したい』って言われたけど、出勤できる?』『この日はキャストの出勤が少ないから、出勤できないかな?』など、必要とされていることを伝えてあげてください。

女の子はモチベーションを上げ、気持ちよく働いてくれるでしょう。

次に「おごる」ですが、これは食事をご馳走します。そんなに高いものである必要はありません。ファミレスなどの気軽なもののほうが、女の子も警戒心を抱かずに済みます。

また、タイミングも難しいかもしれませんが、外に行けない場合は差し入れをするなどして時間を取り、悩み事を聞いてあげたり、先述のほめることをしてあげてください。

最後の「送迎する」は、時間的に余裕のあるときだけで構いません。

例えば、ロングコースの利用で終電がなくなってしまったり、シフトの上りのタイミングが閉店と同時だったりするようなときです。

そのついでに食事をしてもいいでしょう(ほめたり、悩み事を聞くこともここでできます)。

この3つのコツを使って、人気嬢やプレミア嬢の出勤を週の半分以上に増やせると、売上が大きく変わります。

そのための努力をして人気嬢をいかにマメに出勤させるかも、店長力の1つと言えますので、参考にしてみてください。

女の子を叱るときは愛情を持ってムチを振るう

ほめ方はわかりました。では逆に、叱るときはどうするか？

第3章の女の子の面接のところで、あとで「聞いていませんでした」と言われないために、最初に教育をしておくことが重要だとお伝えしました。

ですが、実際にお店を運営しているとうまく稼げずにやる気を失ってしまう子や、モチベーションを保てずにサービスが低下する子（結果、稼げない）、そもそも風俗業をナメている子などが出てきます。

こういう〝地雷〟の子たちを放置しておいては行けません。

他にも、地雷の子たちは「平気で遅刻をしてくる」「遅刻をしているのに謝らない」「基本プレイをちゃんとしない」「『前の店はもっと稼げた』などの文句を言って自分を振り返らない（他人のせいにする）」などの特徴を持っています。

地雷の子たちは、いくらルックスが良くても4軍です。こういう子たちはお客様に迷惑をかけ、クレームの原因になります。そして、最終的に「この店はレベルが低い」というふうに、お店全体の評価が下がってしまいます。


地雷の子たちは店長が叱って教育をしなければいけません。

まずは、アンケートや口コミ、お客様の声をもとに「こういう評価をされているよ。まだ1件だけだけど、続くとお客さんがつかなくて稼げなくなるよ」ということを伝えましょう。

そして改めて、稼げる子＝努力する子であることを伝えるのです。

これが第一段階です。


それでもダメなら、第二段階。本格的に叱ってしまいます。

ポイントは、女の子がお店を運営する側の人間だったら、どのように感じるか、どうするかを考えさせるのです。

「真面目にやる子と言い訳してやらない子、もしもあなたが店長だったらどっちをお客様におすすめする？」「自分の魅力を見えちゃっとや写メ日記で発信したほうがより稼げると思わない？」「金のために風俗やるのはいいけど、ダラダラと長いこと風俗をやりたいの？」「他の子たちがちゃんと基本プレイをしてるのに、どうしてあなたはやらないの？」など、この段階になったら（僕であれば）はっきりと詰めてしまいます。

風俗店はサービス業です。他で通用しないからここに来る仕事ではありません。逆に、他で通用しない子は風俗ではもっと通用しません。飲食店などより短時間で金額も大きいので「まぁいいか」とはお客様は思ってくれないからです。

ですから店長は、しっかり愛情を持って女の子たちを教育しなければいけません。ある意味で、愛のムチで性根を変えていくのと同じです。

それが彼女たちのためであり、やがては風俗から昼の仕事へ移っていくときのためにも、一般社会で通用できる人間に育ててあげる意味合いもあるのです。

時にはクビにする覚悟も必要

ここまでやってもダメなときは第三段階です。

この段階に行ったら、もう意識的にお客様をつけないようにしていくしかありません。サービス地雷の子がついて、結果的に大きなクレームになるくらいなら、つけないほうがよっぽどましだからです。

なにも、こちらからクビにする必要もありません。お客様がつかないと稼げませんので、自然と女の子は他へ移ってしまいます。つまり、向こうから辞めてくれるのです。それで構いません。

ただ、例えばお客様のお金を盗むようなことをしたり、自分のモチベーションの低さを他の女の子たちへ伝染させたりして、4軍に引きずり込もうとするような、いわゆる〝腐った蜜柑〟的な子がいた場合は、勇気を持ってクビにする覚悟も必要です。

お客様のお金を盗む（時にはお店・同僚キャストのお金を盗もうとする）ようなことは、はっきり言って犯罪です。警察に突き出すようなことはしませんが、問題行動として退店を促せばいいのです。

腐った蜜柑的な子の場合も同様で、2軍・3軍にいるような子たちが4軍に落ちることを防がなければいけません。そういうときは本部から指示があったことにしてもらっても構いません。

勇気をもってクビを言い渡し、女の子の大量離散を防ぎましょう。

美人は3日で飽きる、ぽっちゃりは3日でハマる

さて、ほめ方・叱り方で女の子を管理していく方法をお伝えしてきましたが、ぽちゃデリFCをやる以上、店長が相手にする女の子たちはみんな「ぽっちゃり系」です。

普段からの女の子の教育において、店長は「ぽっちゃり系の特性」を理解し、ダイヤの原石たちを磨いていく（1軍・2軍の数を増やしていく）ことを考えておかなければいけません。

そもそも、ぽっちゃり系女子とはどのような存在でしょうか？

語弊を恐れず言いますと、まず太っています。痩せていても〝ややぽっちゃり〟というくらいで、人によっては総じて「デブ」と判断してしまうでしょう。

ぽっちゃりは今に始まったことではありません。20歳でぽっちゃりの子は、きっと10歳の頃からぽっちゃりです。そして30歳になってもぽっちゃりのままの可能性が高いです。

ルックスのいい女の子たちのように男性からチヤホヤされてきた経験も少ないでしょう。自分を磨くことを日常的に考える意識も低いはずです。経験上、どちらかというと、ネタキャラ扱いされ、隅に追いやられてきた子が多いです。

ただその分、とても愛情深く、一生懸命なところがあります。

「美人は3日で飽きる、ブスは3日で慣れる」と言いますが、僕から言わせると、「美人は3日で飽きる、ぽっちゃりは3日でハマる」と言えるくらい、性格が良い子が多く、人から必要とされることに喜びを感じる〝いい子〟たちが多いのです。

そんな、ぽっちゃり女子たちの〝原石〟を磨いてあげましょう。

「良い女の子とは何か?」を教えなさい

ダイヤの原石たちを磨くときにポイントとなるのが「愛嬌」と「清潔感」です。人気嬢は必ずこの2つを兼ね備えています。この2つを磨いていけるよう、女の子を指導していきましょう。

まず、「愛嬌」の基本は笑顔です。「笑う門には福来る」とも言いますが、笑顔が上手な子は必然的にお客様を笑顔にすることもでき、「また会いたいな」と思ってもらえます。

どうしたらいいのかわからない子には、まず笑顔でいることを伝えましょう。お客様のトークに笑顔で返事を打つだけでも、お客様は喜んで、もっとしゃべってくれます（僕は個人的に「ぽっちゃり系は笑顔ポテンシャルが高い」と思っています)。

先述の通り、ぽっちゃり系は不遇な学生時代を過ごしたことが少なくないため、人から必要とされてきた経験があまりありません。そのため、デリヘルでお客様から必要とされること、お客様を癒して「また指名したい」と思ってもらえることで、ぽっちゃり系女子たちは「人から必要とされる経験」をすることができます。

つまり、本当の意味での喜びの笑顔を出すことができるのです。

清潔感は女の子同士でレベルアップさせる

もう1つの「清潔感」は、男性はもちろん、女性にも必要なものです。

残念ながら、美意識があまり高くない人生を過ごしてきたぽっちゃり系の中には、この清潔感が足りない子が少なくありません。

基本的に太っていますから、股ずれの跡があったり、汗をかきがちだったり、当然ですが匂いも出てきて、背中やお尻に吹き出物のブツブツがあったり、下着が伸び伸びになっていたり……ということがよくあるのです。

ぽっちゃりなので仕方がないのですが、やはりサービス業として清潔感は非常に重要です。

匂いがするようであればムダ毛の処理をするように伝えたり、シャワーを頻繁に浴びる仕事なので、いい匂いのする保湿クリームを勧めてあげたり、といったちょっとしたアドバイスで女の子たちは劇的に変わります。

あとは、清潔感をグッと印象良くするのが「化粧」と「服装」です。

店長の身だしなみのところでお伝えしたのと同様に、ぽっちゃり系の場合は女の子もそれをわかっていない子が意外といます（眉毛がボーボーだったりする子がいたりします）。

化粧（ヘアメイクも含む）と服装に関しては、男性の店長は伝えにくいところもあると思うので、そんなときはキャストの女の子の中で化粧が上手な子、ファッションセンスのある子をイケてる先生役にして、店長立ち合いのもとで直接指導をさせるのがいいでしょう。

実際にぽちゃデリＦＣの店舗の多くでは、最初は〝地味子〟だった女の子が先輩の指導で化粧や可愛い服装やエチケットを覚え、お客様がついて稼げるようになった子がたくさんいます。

今まで地味な色づかいの服しか着なかった子がパステルカラーを着るようになったり、性格も明るくなって笑顔やトーク力が花開いて人気嬢になった子もたくさんいます。

愛嬌も清潔感も、どちらも女の子たちはしたくなかったわけではなく、その機会がなかっただけなのです。

お金を稼ぐことでできることが増え、人から必要とされることでその意欲が増していく。そうやって〝蛹（サナギ）〟から〝蝶〟へと成長していく女の子たちを、僕はたくさん見てきました。

ぽちゃデリを通して女の子の人生を設計してあげる

ここまでお伝えして来た女の子たちの管理についてですが、その目的はもちろんお客様に喜んでいただき、儲かるぽちゃデリFCを作るためです。

では、女の子はそれを達成するための道具なのかというと、もちろんそんなことはありません。ここまでに女の子たちは「資源」という言い方もしてきましたが、さらに言ってしまえば、店長は女の子たちの人生をプロデュースする「プロデューサー」でなければいけない、というのが僕の考えです。

風俗店で働こうとする女の子たちはさまざまなものを抱えています。

20万円のカードローンが払えないから働きに来る気楽なケースの子もいれば、質の悪い旦那から逃げるために〝シェルター〟的な逃げ場所としてくるハードなケースの子もいます。新型コロナウィルスによる緊急事態宣言で自粛ムードが高まり、本来の職場で稼げなくなった子や解雇された子が一時的に働きに来るケースも実際は多いようです。

もちろん、中には出戻りを繰り返して風俗以外では働けなくなったり、金銭感覚が狂ってしまった子もいますが、ただ、どのような事情を抱えていたとしても、やはり性風俗＝自分の性をサービスとして提供する仕事をしに来るわけですから、女の子たちは何かしらの覚悟を持って働きに来ます。

風俗店を経営・運営する者は、そんな彼女たちを単に道具として考えるのではなく、彼女たちのその後の人生設計を一緒に考えてあげられるくらいの懐の広さと愛情が必要だと僕は考えます。

例えば、女の子に目標金額を決めさせます。多くの子が借金をしているので、いくらの借金を返済し、再出発のための貯金がいくら決まったら辞めるのか、最初に「金額による目標設定」をさせるのです。

ポイントは期間で設定するのではなく、金額で決めることです。

例えば、50万円の借金を返して100万円を貯金するのであれば、その月日は女の子自身のがんばり次第で短くすることができます。逆にダラダラやっていて、浪費癖があるといつまで経っても風俗店で働くことになります。

実際に僕のぽちゃデリFC出会った女の子の中に、100万円のカードローンを抱えていた子がいました。

彼女はがんばり屋さんだったので半年でローンを返済し、さらに200万円を貯め、3年近く働いたあとに僕のアドバイスでマンションを購入しました。

現在は月収20万円のOLをしていますが、購入したマンションをDIY可能な部屋として人に貸しており、給料＋家賃収入で金銭的に潤った人生を送っています（副業で不動産オーナーになったわけです）。

また、他のある女の子は、キャストから店長にステップアップし、月収50万円の給料をもらいながら店舗運営をしている子もいます。

そうやって、女の子の人生設計のお手伝いをし、一緒に達成して、笑顔で再出発させてあげるのも店長のプロデューサーとしての役割の1つです。

店長は自分がアイドル・プロデューサーだと自覚しなさい

第3章の面接のところで、女の子を採用したら写真を撮り、アプリで明るさ調整をしてホームページにアップすることをお伝えしました。

また、このときに併せてスリーサイズも計ります。写真の加工と同様、スリーサイズもサバを読んだ数字を記載する必要はありません。ぽっちゃり系は痩せていることには価値がないからです。

さらに、紹介文も他のお店の定型文を集めておいて代入する方法をお伝えしました。

これら、女の子のプロフィールを充実させ、お客様に指名してもらいやすくするとき、店長はアイドルをプロデュースするプロデューサーでもあります。

女の子自身の人生を設計するのと同時に、運営では販促も設計してあげるのです。

写真に関しては、スタジオを使って撮影をする方法もあります。

スマートフォンを使って事務所内で撮影するのでもいいですが、さらにいい写真のためには広告代理店が無料でスタジオ・カメラマンを手配してくれるので、それを活用するのもいいでしょう。

このときにも、アイドル・プロデューサーとしての意識が役に立ちます。

写真で重要なのは女の子のポーズとアングルです。あらかじめ、店長がいいと思うポージングを集めておいて、実際にそれをマネしてもらって数パターン撮影する。数を撮ればそれだけいいものができるので、厳選しましょう。

髪型なども、金髪よりも落ち着いた黒髪よりのほうがお客様の受けが良かったり、緑やピンクのような派手なものより茶髪の落ち着いているもののほうが万人受けします。

そういったことの指示もプロデュースの一環と言えるでしょう。

お客様とのやり取りでも、その子が例えば人懐っこい子なのか、キス魔なのか、敏感タイプなのか、濡れやすいのか……と言ったことを把握していると、お客様におすすめしやすくなります。

逆にお客様から「イチャイチャしたい」「キス魔な子がいい」というリクエストがあったときは、事前に女の子に伝えて、いつも以上に密着度多め・キス多めのサービスを提供するよう仕込んでおくことも必要です。

さらに、女の子でまだトークが得意でなかったり、慣れていない子であれば、お客様に事前に「●●ちゃんはまだ業界初経験で素人っぽさが強いので、お客様から積極的にリードしてもらえますか?」と言ったフォローをしておく。

攻められるのが好きなお客様には攻め派の女の子、攻めるのが好きなお客様には受け派の女の子をつけてあげる。

フォローのあるマッチングをしておくと、女の子もお客様もガッカリせずに済んだりします。こういったフォローアップも重要です。


これらのためには、店長は各キャストの女の子たちの特徴を見極め、掴み、アピールしていくことが必要になってきます。ゆえに、店長には「自分がアイドル・プロデューサーである」という意識を持つことが必要になってくるのです。

そして、その意識で運営をしていくことで、リピートの絶えない、安定して高い売上をキープできるお店を運営していくことができるようになるのです。


重複になりますが、店長の努力・空気読み・ヨイショを使い、女の子の定着率・出勤率を上げるのが大成功のカギです(^^♪

第6章

こんなとき
どうする?
デリヘル開業FAQ

ここまでお伝えしてきた内容以外にも、実際に経営をしていると「こんなときはどうしたらいいの?」という疑問は数々出てくると思います。

基本的にはFCオーナー間で相談をしたり、本部に質問をしてもらってその都度解決をしていきますが、ある程度、類型的にお答えできるものもありますので、解説しておきましょう。

Q1 法律関係はどのくらい勉強しておくべき?

回答…風営法はひと通り目を通し、その他の知識も身につけておくこと。

風俗経営をする者として、基本的に風俗業界に関する勉強が必要です。特に法律関係はひと通り目を通し、勉強をしておくべきです。

風営法は「風俗営業等の規制及び業務の適正化等に関する法律」として1948年7月10日に公布されました。風営法、風適法、風俗営業法などと略されることがあります。これまでに何度も改正され、デリヘルが解禁になったり、罰則が強化されたり……という歴史があります。

風営法を「1から10まですべてを覚えなさい」というつもりはありませんが、知っておいて損はありません。

他にも、風俗開業――特にデリヘル開業自体の本はたくさん出ていますので、それに目を通したり、最近では動画サイトで気軽に勉強できる時代になったので、時間を作って見ておいたほうがいいです。

Q2 スカウト会社にはいくら払えばいいの？

回答…頼む必要がないので1円も払う必要なし。それよりは広告の強化を。

スカウト会社とは、風俗で働きたい女の子をスカウトしてお店に紹介する業者です。一昔前は街で声をかけるスタイルが一般的でしたが、迷惑防止条例の施行で最近ではホームページやSNSでダイレクトメッセージをするようなスタイルに変わっているようです。

スカウトから紹介を受けると、そのバックとして女の子の手取りからパーセンテージでロイヤリティを払うことになります。中には顧問的な形でお店と契約し、「月に10人を紹介します」というところもあります。

ただ、僕のぽちゃデリFCにおいてはスカウトに頼る必要はありません。マニュアル通りに動いていれば女の子は集まるからです。

それに僕の経験上、スカウト経由の女の子は質が良くありません。目先のお金のことで頭がいっぱいで良い接客をして本指名を取ろうという意識が低い女の子が経験上多かったです。

それならむしろ広告にお金をかけて強化すべきです。

Q3 反社会的勢力の人たちから電話が！ どうすればいい？

回答…やましいことは一切ないのですぐに警察に連絡を。

営業をしていると、極めて稀ですが、地元の反社会的勢力の方々から電話がかかってくることがあります。彼らの目的は「みかじめ料」です。

いきなり電話がかかってくると驚くと思います。ですが、あまりビビらないでください。もちろん、「ハイハイ」と電話を受けて、言いなりになって関わってはいけません（これは大前提のルールです）。

暴対法（暴力団員による不当な行為の防止等に関する法律）の改正で、現在では相手が組の名前を言うだけでも脅迫罪が成立した事例も出ています。

あらかじめ警察とのパイプを作っておきましょう。

とは言っても難しい話ではなく、開業の届出を出す際に生活安全課の方からマル暴（暴力団に関する事案を取り扱う警視庁組織犯罪対策部や各道府県警察刑事部捜査第四課、もしくは部課員の通称）の電話番号と、可能であれば担当者の名前を聞く（挨拶をして顔を覚えてもらう）くらいで大丈夫です。

ただ、ぽちゃデリ自体がそれほど儲かるイメージがないからか（だから起業としておすすめなのですが）、そもそも電話がかかってくることはありません。

警察とのパイプを作っておき、経験と実績のあるFC本部へすぐに連絡してください。

Q4 女の子がライバルに引き抜かれた。取り戻すべき？

回答…気にしなくてOK。どちらにしても勝てます。


お客様だと思って女の子をつけたら、実はスカウトマンで別店に引き抜かれてしまった――風俗経営をしていると、こんなことは当たり前のように起こります。

ですが、気にする必要はありません。引き抜かれて移籍するような女の子は放っておいて構わないからです。

そもそも、1軍の女の子はそのくらいでは引き抜かれません。すでにしっかりファンもついていて、ある程度稼げている場所を捨てて、新天地でイチからがんばっていくメリットが何もないのです。

むしろ、引き抜かれるのは稼げない子です。〝隣の芝が青く見えてしまう〟わけです。そういう子には有名店が引き抜きには来ませんし、他のぽちゃデリは僕のところに比べると弱小店です。集客面で負けることはありません。時間のムダです。程度はあるのものも「来る者拒まず、去る者追わず」の考え方の方が気が楽です。

また逆に他店に引き抜きに行くなんてことはトラブルになるのでやめましょう。

ちゃんとマニュアル通りにやればキャストで不足で困ることは絶対にありません。

Q5 迷惑なお客様。何かいい対処法はある？

回答…暴力、ストーカー系はブラックリストに入れてしまいましょう。

スカウトと同じくらい起こりがちなのが、迷惑系のお客様です。

女の子と外で個人的に会いたがる「裏引き客」、新人に過度なサービスを強要して潰してくる「新人キラー」、（深夜に多い）深酒して電話をかけてくる「酔っ払い客」、女の子に乱暴なことをする「パワハラ客」、執拗に女の子に付きまとう「ストーカー」など、スカウト以外にも、さまざまな迷惑客が存在します。

これらの迷惑客が現れたら早々にブラックリストに入れましょう。

ブラックリストはCTI（コンピューター・テレフォニー・インレグレーション）に登録して対処します。

これは、コンピューターと電話を統合したシステムで、顧客情報の確認や通話内容の録音が可能です。外部サービスで、NTTによるサービスもあれば、風俗専門のものも存在します。利用料は月数千円～1万円くらいで利用できるので、必要と考えるなら導入してしまいましょう。

そして、初回の電話の際にお客様の情報を登録していきます。

最初は電話番号しかわかりませんが、一度でも利用していただければ「●●さま。●月■日に▲▲ちゃんを指名」という風に情報を更新でき、二度目以降の利用時には電話がかかってきた際に情報が表示されるようになります。スマートフォンやパソコンとの同期もできるので、おすすめです。

迷惑客は、そこに「前回、●●ちゃんに暴力」「引き抜きを行おうとした」「暴言（差別発言）が多い」など、情報を足していきます。そして、何度目かに電話がかかってきたときは「申し訳ありませんが、お客様は……」と丁寧に、しかし毅然とした態度で対応しましょう。

Q6 売上のために「色恋マネジメント」は止むなしか？

回答…目先の売上のために大きな痛手を受けるのでやってはいけません。

女の子の出勤率を上げたいがために、店長が女の子と付き合って（色恋沙で）出勤させるマネジメントのことを「色恋マネジメント」と言います。

女の子のほうは彼氏のためにがんばろうとしたり、「2人の将来のためになる」と思って出勤したりするのですが、はっきり言ってしまうとこういうことはロクな結果にならないのでしてはいけません。

色恋マネジメントをすると、うまくいけば当月などの目先の売上は上がります。ですが、逆に店長は店内に恋人を作ってしまいますので、仕事とは別に彼女への時間を取られることになり、プライベートの時間がなくなったり、結果的に運営に集中できなくて自分の首を絞めてしまいます。

それに、女の子はこういうことに敏感な生き物です。店長と付き合っている女の子がいて、その子が贔屓されていることを察知します。女の子自身もタメ口になったり、距離が近くなったりして明らかに態度が変わるので、バレます。

その結果、女の子同士で人間関係が悪くなって喧嘩が絶えなくなったり、モチベーションそのものを下げてお客様へのサービスが低下したり、最悪の場合は女の子の大量離散が起こってしまいます。女の子がいないとお客様も離れますので、売上も大きく下がってしまいます。

Q7 女の子にテクニックを教えないといけないときはどうするか？

回答……実演指導は絶対NG。手だけを使って実技を教えましょう。


女の子の中には男性経験が乏しい子が一定数います。

ぽっちゃり系なので男性からモテた経験が少なく、男性を喜ばせるための基本的なテクニックが乏しい（もしくは持っていない）子もいれば、本番行為＝セックスがないため、男性経験のない「処女」の状態で入店してくる子も少ないながらも存在します。

またお客様から「あまりテクニックがなかった」というアンケートをいただいたり、女の子自身が「お客様にイッてもらえない」という悩みを相談してくるケースもあります。

そういう子たちに店長は指導をしなければいけませんが、実演で指導することは絶対にしてはいけません。とはいえ、〝実技〟の指導自体は必要です。

そこで、手を使って指導をしてあげてください。

女の子に指を2本重ねて出してもらい、店長がそれを握って男性が気持ち良く感じる〝圧力〟を教えてあげるのです。女の子によっては「あまり強く握ると痛いんじゃないか」と思って、ペニスを強く握れていないケースがよくあります。

さらに、ローションを使う場合は実際に少量を塗って、同じようにやります。

フェラチオの場合は、手で教えた圧力を口で再現するためにはどれくらいの吸引力が必要かを考えさせると良いでしょう。

また今は便利な時代になりました。YouTubeにプレイ講習動画もございますのでご活用下さい。

Q8 女の子が「アナルプレイで稼ぎたい」と言い出したら？

回答…初心者にはさせない。最悪、おむつ生活になります。

女の子の中には、逆にさらなるサービスのオプションとして「アナルプレイ」を希望する子がいるときもあります。アナルプレイは基本オプションには入っておらず、できる子だけが別枠の特別オプションとして個別に記載しています。

ただ、アナルプレイは初心者には絶対にさせないようにしてください。やったことがないにもかかわらず、稼ぎたいがために「できます」と言う子がいるので注意です。

アナルプレイには、手順があります。時間をかけて筋肉を緩め、さらに細いものからゆっくりと拡げていく必要があります（専門家ではないので、詳しい説明は割愛します）。

つまり、初心者が目先の利益のために手を出してはいけないのです。

人間の肛門は、3つの筋肉でできています。素人が遊び半分でやると、この筋肉の1つが切れてしまうことがあります。一度切れてしまうともう元には戻らず、お尻を閉められなくなり、おむつ生活になってしまいます。大事に育てた女の子を失ってしまうことになります。

さらに、傷がついたり、そこからバイ菌が入ったり、そもそもプレイとして汚いのでホテルを汚して清掃代を取られたり……とロクなことがありません。

アナルプレイに関しては、基本はなしで考えましょう。

Q9 女の子が急に派手に遊ぶようになったらどうするか？

回答…身バレ防止のためにも、本人の人生のためにも教育しましょう。

風俗店で働き始めた女の子は、稼げる子であれば初月から数十万円の給料をもらえたりします。そうでなくても、給料は日払いなので、一日がんばっただけで数万円からのお金を手にします。

すると、中には金銭感覚が狂ってしまう子が出てきます。

地味な女の子が可愛くなったり、お化粧や髪形に気を使うくらいであればいいのですが、やたらと高いものを食べたり、ブランド品に手を出したり、誰かにご馳走やプレゼントをしたり……という派手に遊ぶようになると注意が必要です。身バレしやすくなるのです。

お店のホームページや広告サイトから身バレをすることはまずありません。顔を隠しますし、名前も違いますし、そもそも探そうとする人も少ないからです。

ただ、派手にお金を使うようになると女の子自身は言わなくても、周囲の友達や家族、彼氏が疑い始めます。または、給与明細を持ち帰ってそれが見つかったり、スマートフォンを放置してお店とのＬＩＮＥのやり取りを見られてしまったり……というボロが出ます。

身バレすると、女の子は高確率で辞めます。そうならないためにも、店長は女の子にお金の使い方を教えてあげましょう。

例えば、2万5000円を稼いだら2万円は貯金する。たまにおいしいものを食べたり、欲しかったものを買って自分へのご褒美をするのはいいけど、ほどほどにさせる。基本は遊ぶ金ではなく、自分の将来のための貯金を作るために働かせるよう教育しましょう。

それが女の子にとっても、お店にとっても幸せな道です。

Q10 税金は払うべき？　税理士さんはどんな人がいい？

回答…当たり前です。ちゃんと納税しましょう。税理士は2つの基準で選ぶ。

マニュアル通りにきちんとやるべきことをやって運営をしていると、僕のぽちゃデリFCは必ず儲かります。

儲かったら、欲しいものを買ったりするのは構いませんが、きちんと貯金をしつつ、必ず正しく納税を行いましょう。

個人事業主の場合は確定申告で白色申告と青色申告があります。

白色申告は経理作業がシンプルな代わりに節税メリットが少なく、青色申告は逆に厳密な会計帳簿が求められますが節税メリットが多い申請方法です（ただ、法改正で白色申告でも帳簿などの保存が義務づけられたので、現在は白色申告のメリットは少なくなりつつあります）。

また、最初は個人事業主として始めたとしても、儲かって法人化をしようとしたり、最初から法人でスタートさせようと考えたときには税理士に決算をお願いする必要が出てきます。

税理士を選ぶときは「話しやすい人」「年齢の近い人」の2つの基準で、必ず3人以上と面談をしてから決めてください。風俗店の税理士経験があると、尚良しです。一緒に飲みに行けるくらいの距離感がいいでしょう。

その上で、月に一度は会ってコミュニケーションを取り、税金に関することや、売上のこと、購入したいものがあること、保険や節税のアドバイスを〝ホワイトな側面で〟受けてください（節税はOK、脱税はNGです）。

人間は儲かるとできるだけ税金を払わず、自分の懐にお金を入れたいと考えます。要するに、脱税を考えようとします。

ですが、はっきり言っておきます。税務署をナメてはいけません。同様に、税理士にも嘘をついてはいけません。税理士は税務面であなたの会社を助けてくれる重要なパートナーです。いい税理士を選ぶことも大事ですし、誠実に対応することも重要なのです。

僕のぽちゃデリFC本部では全国に税理士のネットワークを持っている代理店を知っていますので、相談してもらえれば、いい税理士さんを紹介することもできます。

Q11 2店舗目、3店舗目出店のタイミングは?

回答… 店舗展開するなら「人材」「お金」「リピーター」を確保しましょう。

最初のお店がうまくいき始めると、売上も安定し、収入も大きくなり（かつ安定して）、さらに儲けたくなると思います。

2店舗目、3店舗目を増やし、FCオーナーとして成功している人は僕のぽちゃデリFCにも数多くいますが（中には1人で30店舗のオーナーになっている人もいます）、店舗展開をするなら次の3つを確保してからにしてください。

- 人材　店を任せられる店長
- お金　600万円以上の余裕資金
- リピーター　一日の来店客のリピーター割合8割以上

本書ではここまで、オーナー自身が店長としてお店を運営する場合、逆に自分は出資者として誰かにお店を運営させる場合も同じケースとして、ぽちゃデリ経営の内容をお伝えしてきましたが、店を増やす以上、新たに店長を見つけなければいけません。

そして、1店舗目をその人に任せてオーナー自身が新店舗の店長としてやっていく、もしくは、信頼できる新店長に1店舗目を任せて、もともとの店長は新店舗を運営する、という流れになります。

ただ、どちらにしてもオーナーが完全にオーナーとして店舗運営から手を離れるようにするためには、3～4店舗を持つようになってからのタイミングであることが重要です。

次に「お金」ですが、新店舗を出すためには1店舗目と同様にお金がかかります。物件探しから始まって、FC料、ホームページ作成や広告サイトへの支払い、女の子集めなど、ここまでお伝えしてきた内容をもう一度繰り返す必要があります。

「だったら300万円でいいんじゃないの？」

と思うかもしれませんが、さらに人件費もかかってきます。

例えば、店長に月給50万円を払うのであれば、その時点で固定費として最初の3カ月の運営費にプラス150万円が上乗せされることが確定します。

第3章で「資金300万円で開業できる」とお伝えしましたが、そのときもお伝えしたように、基本的にお金に余裕ある経営がベストです。ですから、600万円くらいは余裕資金として確保してからの挑戦にしましょう。

資金不足気味で2店舗目を出したら1店舗目がぐちゃぐちゃに！となってしまったら目も当てられません。

最後に「リピーター」ですが、1つのお店は1カ月の来店客の内の8割以上がリピーター＝本指名になった時点で「完成」です。一日の換算ですが、お店によっては9割以上や、10割がリピーターで埋まるところもあります。

このくらいまでリピーターが増えれば地元客に認知されたお店だと言えますし、愛されているお店だと考えることもできます。2店舗目として、1店舗目の商圏を邪魔しないエリアの検討を始めてもいいでしょう。

そのためにもメルマガや見えちゃっとや写メ日記などの集客ツールを充実させてください。

Q12 いったいどんな店長だったらいいの？ どんな店長は避けるべき？

回答…次のような人は避け、問題が起きたらすぐ対処してください。

新店舗の店長を選ぶ際、次のような人は避けてください。

- 責任感がない……自分が店長だという自覚を持てない。
- 向上心がない……できないことを克服しようとする気がない。
- 人を「好き・嫌い」で判断する……女の子への対応が悪くなる。
- すぐバレる嘘をつく……正直にミスをミスと認められない。嘘つき癖。
- 言い訳ばかりでサボる……うまくいかない原因を他人のせいにする。
- スネる（ふてくされる）……叱られると機嫌が悪くなって人に当たる。
- 暇なのに忙しいフリをする……「忙しい」を言い訳に行動しない。
- 電話のレスポンスが悪い……電話をめんどくさがって、折り返しも遅い。
- 覇気がない……そもそもの労働意欲が低い。
- 疲れているアピールをする……口癖が「疲れた」で、それが他に伝染する。
- 成功モデルを参考にしない……マニュアルや成功例を参考にしない。
- 指導されてもメモしない……指導されたことを改善する意欲が低い。
- 相手の立場になって考えられない……自分本位で考えるパワハラタイプ。
- 有言不実行……口では「やります」と言いつつ、行動しない。

- お金と性欲にだらしない……金使いが荒く、お店の子に手を出す。
- 女ができるとボケる……恋人に意識が向いて仕事をほったらかしになる。
- 悪い意味で頑固……素直にアドバイスを聞かない。
- 遅刻マン……無断遅刻・欠勤をして、しかも改善しないし悪びれない。
- そもそも相談をしてこない……自分で何とかしようとばかりする。

こういう人が店長のお店は電話が鳴りません。

お客様からも女の子からも電話が鳴らず、当然ですが売上を作れず、「うまくいかないんです！」と嘆いてばかりいます。

オーナーがやるべきは、このような人を避けていい店長を見つけ（リストアップしたのとは逆のタイプが〝いい店長〟です）、きちんとマニュアル通りやっているかをチェックすることです。それも「どのようにすればちゃんとやるか？」ということを考え、指導することです。「ちゃんとやれよ」ではうまくいきません。オーナー自身やその友人がお客様のフリをして抜き打ちで電話をかけたり、店長と電話内容をロールプレイングでできるようにしていくのも有効です。

僕のぽちゃデリFCのうまくいってるFCオーナーたちは、店長と一日5回以上は電話をし、指示&チェックをしています。

逆に、放置するのが一番危険です。

放置をした結果、店長が不満を貯め込むと「お店の空気が悪くなる」「店長の言い訳が多くなる」「オーナーの悪口をキャストに言うようになる」「『今までと変わらないですが何ですか?』と不遜な態度を取るようになる」「オーナー自身がお店に行きづらくなる」などの負のスパイラルに落ち、改善が不可能になります。

電話や事務所に行ったときに店長が「面倒くさそうに仕事をしている」「態度がダルそうにしている」「『何しに来たのオーラ』を出している」「『言われなくてもわかってる』的なことを言う」など、独特な〝負の言動〟があった場合は、その場ですぐに「何か言いたいことがあるの? それとも、ただの体調不良?」と、原因を徹底的に追求しましょう。

明確な原因がない場合は「僕と君が逆の立場だったらどう思う?」「今の君の言動で僕はどう思ったと思う? いい気分だと思う?」「上司にそんな態度を取るのは社会人として正解か?」など、どんなに忙しくてもすぐに注意をして、早期解決を図ってください。

そして、二度と同じことをしないよう釘を刺しましょう。

第7章

全国の
ぽっちゃり女子を
救いたい

風俗経営は「男のロマン」の商売だ

ここまで、さまざまな角度からぽちゃデリＦＣ経営についてお伝えしてきました。あとは実践して、収益を上げながら健全な経営を続けていただくことで、年収１０００万円はもちろんのこと、多店舗経営をするＦＣオーナーとしての人生があなたを待っています。

僕のぽちゃデリＦＣは「３００万円の投資で月１００万円以上の利益（収入）」が売りです。僕自身、あまり裕福ではない少年時代を過ごしたので、この生き方は男としてとてもロマンのある生き方だと思っています。

「世の中、金じゃない」

そんな意見もあると思います。

確かに、お金だけですべてが手に入るとは思いません。ですが、お金がないことで手に入らないものはたくさんありますし、お金があることでしなくてもいい苦労がたくさんあることもまた事実です。

それに、お金があると正直に言ってモテます。

それは異性からだけではなく同性からもモテますし、つき合う人のステージも変わります。身につけるものが変化して、生活レベルも向上します。

生活の安定によって精神面が安定したり、食べるものが変わって健康面でもいい状態を維持できたり、より治安の良いところに住めたり、将来に対する備えで老後不安を解消できたりと、豊かな人生を歩むことができます。

こう考えてしまうのは、やはり僕自身がこれまでにお金でいろいろな苦労をしてきたからだと思います。

あまり裕福ではない少年時代を過ごしたり、お金で苦労したり、人から裏切られたり、逆にその逆境の中から光明を見出して、なんとかこの「ぽちゃデリＦＣ」をある程度の全国規模にまで持ってくることができたからだと思います。

そして、構築することができた成功法則を独り占めするのではなくシェアして、ロマンのある人生を送りたい人の夢を１人でも多く叶えたいと考えているからでもあります。

友達の住む豪邸を見てお金持ちになることを決意

ここで少し僕のこともお伝えしたいと思います。

先述の通り、僕はあまり裕福な少年時代を過ごしてきませんでした。

中学受験合格後すぐに両親が離婚し、僕は母と暮らすようになり、4つ上の兄は父親と暮らすことになり、家族が離れ離れになってしまいました。

それまではいわゆる日本の中流家庭に育った僕も、中学からは母と2人で団地住まい。持ちマンションから1LDKの味のある家にグレードが下がり、お湯もボタン1つで出ていたものが、ガシャガシャと浴室でガスに引火操作をする必要のある給湯器になってしまいました。

それでも、母とは仲良く暮らしていましたし、兄とも離れていたことで逆に親友のようにいい距離間で仲良くしていました。

ただ、中学校の同級生には進学校という事もあり医者や中小企業の社長など「お金持ちの子どもたち」が多くいて、僕は劣等感に苛まれていました。

彼らは僕がかつて住んでいたマンションよりも何倍も大きい家まさに〝豪邸〟と言えるような

一軒家に住み、10畳以上のでかい自分の部屋を持ち、最新の服や靴、ゲームや時計を何でも買ってもらえるような生活をしていました。

正月にある友達（建築会社の社長の息子でした）の家にお泊りに行ったときは、お父さんから3万円のお年玉をもらったことがありました。またあるときは「いつもうちの子と遊んでくれてありがとう」と親御さんからプレゼントをもらい、開けてみると高級ブランドのボストンバッグが入っていたこともありました。

このことで、同級生に嫉妬をしたり、お金持ちを憎んだということではありません（羨ましくは思いましたが）。

むしろ逆に、「これがお金持ちの生活なのか」と驚き、「親の力を借りずにお金持ちになりたい！」と強く思うようになりました。

今になって思えば、このときの経験が、その後の自分の人生の原点になったように思います。

偉大な兄に憧れて水商売の世界へ

その後、高校を中退した僕は土木作業のアルバイトをしながら地元の名古屋で水商売の世界に入り、21歳上京して紆余曲折の末、現在の道に入っていくことになるのですが、そのきっかけになったのが4つ上の兄でした。

兄は、僕が中学生の頃からすでに水商売の道に足を踏み入れ、そこである程度の成功をしてお金を持つようになっていました。

18歳になったらすぐに免許を取って日産の180SXに乗り、その後もシボレーのアストロ（1990年頃に日本で爆発的にヒットしたアメリカ車。当時の憧れの的）やBMWに乗り換え、僕の誕生日にはGUESSのジーンズ（＝ゲスパン。当時、流行っていた腰で履くスタイルのパンツ）やクイックシルバー（アメリカのスノボブランド）の服やG－SHOCKを買ってくれたりと、かなり金回りのいい生活をしていました。

そんな兄は僕にとって偉大でした。兄を見て「自分も水商売の世界で成功して、お金を持ちたい」と思ったのです。

そして兄の後を追うように高校を中退し、まずは土木作業員のアルバイトでお金を稼ぎ、18歳になったらすぐに地元の名古屋で水商売デビューしました。

水商売の仕事はそれなりにうまくいき、お金を持てるようになり、20歳になる頃には1000万円を貯金できるようにもなりました。

そして、さらにチャレンジとして21歳で僕は上京をすることにしました。東京新宿・歌舞伎町で水商売の再デビューをして、もっと上を目指したのです。

ですが、甘かったです。

歌舞伎町は当時の名古屋よりもずっとレベルが高く、名古屋でちょっと稼げるようになったくらいでは全然通用しませんでした。

「高身長&イケメンが多すぎて勝てる気がしない。商売替えをしなければ」

そう考えた僕は、当時持っていた貯金を使って、別の商売を始めることにしました。それが東京の新橋でオープンさせた素人専門のホテヘルでした。

2005年の夏、僕は23歳になっていました。

友人の裏切りをきっかけにぽちゃデリFCに転換

新橋でオープンさせた素人専門ホテヘルは初月から黒字化に成功しました。水商売から風俗店に鞍替えして初めてのお店で成功できたのは、大きかったと思います。

その後、すでにお伝えしましたが錦糸町に高級ドレスデリヘルを出店して失敗。新橋の2号店として素人専門ホテヘルを渋谷に開業しましたが、渋谷はとにかくライバル店が多くてまったくの赤字経営。僕は大きく躓きます。

ただ、何よりつらかったのは、このときの共同経営者に裏切られてしまったことでした。

渋谷店を開業したのは2007年。僕が25歳のときでした。

友人で映像製作会社のADをしていたHくんと共同経営の形で出資し合い、物件の空いた渋谷のお店を買収する形でスタートさせました。Hくんはボンボンで親がお金を持っており、本人も女性の扱いがうまく、僕とも気が合いました。

ですが、渋谷店の躓きはこのオープンのときから始まっていました。

まず、Hくんが出資金を用意できませんでした。500万円ずつ、トータル1000万円で始める予定だったのが彼は300万円しか用意できず、僕が700万円を出すことになりました。

さらに、ただでさえライバルが多くて苦戦を強いられる中、Hくんは仕事をよくサボりました。電話工事の約束をすっぽかしたり、挙句の果てに電話会社の人と逆ギレで喧嘩したこともありました。

仕事終わりに居酒屋で打ち合わせをしようとしたら「今日は体調が悪いから」と断ってきて、仕方がないから僕が1人で行きつけのお店に行くと、女性と一緒にHくんがそこで飲んでいたこともありました。「どうして嘘をついて休んでいるのに、わざわざ行きつけのお店に行くのか……」と僕は頭を抱えました。

女性の扱いがうまいと書きましたが、それは悪いほうにも働いて、知人から紹介された〝手を出してはいけない女の子〟に手を出したり、女の子の撮影の日をすっぽかしたり、新橋から出張で通っている女の子がいるにもかかわらず、店を閉めて家で寝ていたり（その子には3万円の日当保証をしていたので、売上ゼロで日当だけかかりました）と、とにかく苦労をかけさせられました。

お金に関しても、残りの200万円の出資金をいつまで経っても持ってこないばかりか、お店のランニング費用、広告費用、家賃などもすべて僕が負担し、さらにHくんの生活費まで僕が払っていました。

お店の売上もいつまでたっても黒字化せず、好調だった新橋の売上を渋谷店が食い潰す始末。そこにリーマンショックがやってきて新橋店の一時的にダウン。税金の申告漏れがあって追徴課税は3000万円ほど重なり（これは自業自得ですが）、トリプルパンチで僕は円形脱毛症がいくつもできるほど泣かされました（実際に泣きました）。

ただ、いいこともありました。

このことをきっかけに僕はレッドオーシャンで戦うことをやめ、ニッチなぽっちゃり専門に業態を切り替えることを決意できました。共同経営ではなくFC展開にすることで同じような苦労を二度としないよう、展開方法も転換することができました。失敗しないための法則もたくさん身につけることができました。

そういう意味では、Hくんは必要な存在だったのかもしれません。

そこから僕は2010年に不振だった渋谷店をぽっちゃり専門店に業態転換して半年で黒字化に成功。程なくしてリーマンショックの影響も落ち着き、もともとは好調だった新橋店の売上も戻りました。

さらに、FC第1号のGくん（第2章を参照）と再会し、彼の志願をきっかけに2012年から本格的にFC展開をスタートさせていきます。

2014年にはぽちゃデリで一本化し、さらには2019年にYouTubeの『フランチャイズチャンネル』に2話ゲスト出演したことでFC展開のスピードが加速。メディアに取材を受ける機会も増えました。

2020年初めには40店舗を超え、新型コロナウィルスのパンデミックで多少の危機はありましたが、コロナ禍でも80店舗以上を新規に起ち上げ、現在に至ります。

ぽっちゃり系初の全国制覇をして、ぽっちゃり女子を救いたい

僕には夢があります。

それは全国47都道府県に3店舗ずつ、トータル150店舗の「全国制覇」です。現在130店舗ですから、まさに〝志半ば〟の状態です。

ここまでぽちゃデリFCを拡げたいのは、それだけたくさんの人にビジネスチャンスを得て豊かな人生を送ってもらいたい、そして、全国のぽっちゃり女子たちを救いたいからです。

そのために、僕は今でも365日働いて、全国のFCオーナーたちに成功法則を伝え続けています。

こういうことを書くと、一部の方からは「性を搾取するような産業があっていいはずがない。それは女性蔑視であり、女性への暴力である。このような職種は断固糾弾しなければならない」という声が上がることもあると思います。

ですが、僕は女性を蔑視しているわけではなく、風俗で働かざるを得ない人たちを1人でも多く救いたいのです。それに、職業としての風俗産業は世界最古の仕事であり、これからも繁栄し続ける事実は誰も否定することができません。

それに、時代の変化もあります。風俗業界に対する垣根が少しずつではありますが、下がってきている傾向があると僕は思います。

今の20代女子の「なりたい顔ナンバー1」をご存知でしょうか?

明日花キララさんです(「FLASH」2020年6/16号・光文社より)。彼女は絶大な人気を誇った元AV女優です。

他にも、AVの世界から一般の芸能界に行った人で言うと、及川奈央さんもいます。彼女もまた、絶大な人気を誇った元AV女優ですが、引退後は子ども向け戦隊ヒーロー番組で悪役と活躍していました(現在はYouTuberとして活躍しています)。

他にも、ギャル雑誌『アゲハ』によって「アゲ嬢」という言葉が流行したように、キャバクラも「女の子が一度はやってみたい職業」の上位に来るようになりました。華やかな世界で綺麗なドレスやジュエリーを身につけ、多くの財界人や経営者からちやほやされるキャバ嬢になりたい女の子も、かなりの数いるのも事実です。

同じように、まったく普通のＯＬや主婦や女子大生が、デリヘルの世界に入ってくることもよくあります。借金に溺れている女の子もいるのですが、「お小遣いが欲しい」「ブランド物を買いたい」「海外旅行に行きたい」という目的で入ってくる子もいます。

それとは逆に、ぽっちゃり系女子の中には、親が毒親、旦那さんがメチャクチャな人、精神的及び肉体的な病歴がある、やむをえず犯罪に巻き込まれた過去がある、「自分に向いている」と感じられ、仕事を通して「自分らしくいられる」と思う子などがいます（これはぽっちゃり系に限定した話ではないかもしれませんが）。

風俗業界は、そういった理由があって他の職業に就くことのできない子や適性がある子たちの〝受け皿〟になっている部分が今でもあります。社会の一種のセーフティーネットなのです。

そういった子たちを「自業自得だ」と切り捨てるのではなく、働く場を提供することで自立の道を目指してもらうこと。自力で稼ぐ力を身につけてもらいたいのです。

そしてその中で、少しでも風俗に身を置く女性への偏見をなくし、救いの手を差し伸べることが、僕にできることではないかと考えています。

風俗業界の健全化を目指しませんか？

多くの人にビジネスチャンスを得てもらいたい、ぽっちゃり女子たちのセーフティーネットでありたいことの他に、僕はこの事業を通して風俗業界の健全化を目指しています。

華やかなイメージがあるとはいえ、社会で必要とされている仕事とはいえ、やはり風俗にはダークなイメージがあります。そこは認めます。緊急事態宣言によって生まれた持続化給付金でも、性風俗店は対象外でした。

ですが、パチンコやＡＶ業界がクリーンなイメージアップに成功し、地位が向上しているのと同じように、風俗業界も地位を向上させたいです。

デリヘルに限った話かもしれませんが、１９９８年の風俗営業取締法改正によってデリヘルは「届出制」となり、通常のサービスとして国にも都にも認められました。また、反社会的勢力を排除するため、ほとんどの店が警察と協力して運営に当たっています。

それに納税に関しても「風俗業界は納税していない」と思われがちですが、多くのお店は組織として（個人事業・法人として）きちんと納税しています。

ですが正直なところ、きちんと納税していない風俗店はまだ存在すると思います。

そんな中で、僕のぽちゃデリFCではきちんとした納税への知識を指導し、反社会的勢力ともつき合わず、法を順守して営業をしています。健全な風俗経営をする事業者として、イメージアップに努めていきたいと思っています。

全国制覇を目指して仲間を募集していますが、風俗業界の社会的な地位を一緒に高めたいと思う心を持った人を求めます。

それが結果的に自分の経営にもプラスの影響を与えると思うのです。

僕の人生を支えてくれた4人の「キーパーソン」

僕には人生の「キーパーソン」と呼べる人が4人います。最初の1人はすでにお伝えした偉大な兄です。新橋店のオープンの際にも、共同経営者として手伝ってくれた大事な家族であり、恩人です。

2人目が関東のぽちゃデリFCの広告全般を担当してくれているYさんです。もう15年来の付き合いで、ぽちゃ専門店を始めるアイディアをくれ、風俗業界にも精通、最新WEB情報にも詳しく、これまでに数多くのFCオーナー候補者をつないでくれました。僕にとっては良きパートナーで、彼なしではぽちゃデリ大手としての知名度アップは成し得ませんでした。新しい情報を素早く運んできてくれ、業界マーケティングにも長けていて人脈も広く、大手企業の重役クラスを紹介してくれたりと、本当に頼りになる存在です。

3人目はぽちゃデリFCの立役者の1人であるホームページ製作のプロであるNです。彼は、ぽちゃデリFCスタート時に店長として名乗りを上げてくれ、渋谷店の苦戦で精神的に限界だった僕を支え、ぽちゃデリへの業態転換の際に店長として活躍をしてくれました（現在ではFCオーナーとして店舗経営をしながら、これまた有能の部下であるKと共に無くてはならない重要なちゃんこ全店舗のホームページ管理を一括で担っています）。

彼の精神的支えや店長としてのがんばり（現場の仕切り）、ホームページ作成技術が、僕をFC事業へと舵を切らせてくれるきっかけになりました。

4人目が何度も登場していますが、FC第1号のGくんです。全国FC展開の礎を作ってくれた人物です。

彼の持ち前の何でも挑戦する行動力によって、FC事業そのものをスタートさせられただけではなく、FC展開をするためのやり方を試してくれました。現在のマニュアルがここまで濃厚で成功率の高いものになったのも、彼がいてくれたからです。

現在は30店舗のオーナーですが、彼はもっと上に行くのではないかと個人的には思っています。

あなたの人生の「キーパーソン」になりたい

彼ら4人がいなかったら今はありません。本当に感謝しかないのです。あなたには「この人の

おかげで今がある」と言える人は何人いますか？　僕がこの本を読んでいるあなたにそう思って

もらえる存在になりたいと思っています。

ぽちゃデリFCのオーナーになれば、単に儲かるだけではなく、3カ月もあれば女性を見る目も養われます。そして、女の子を指導する、店長を指導する中で人を導く力も身につきます。

そして、そうやって経営を通してお金と能力を培ったら、今度はそれを使って、いつかは自分のブランドを起ち上げてもらいたいのです。

ぽっちゃり系ではなく別の系統を起業しFC化へ（高身長、ぺちゃパイ、ガリガリ、SM、超熟女などはまだ全国規模のものはありません）、飲食店やアパレル事業をやる（どこかの企業のFCをやる）、もしくは、ぽちゃデリFCでどんどん店舗を拡げる……など、夢は何でもいいと思います。

僕が、そのお手伝いをします。

そして、新しい道でも成功してもらって、さまざまな経験や知識を身につけていただき、それをお互いに共有しながら、末永くお付き合いしていきたいと思っています。

僕が風俗業界に助けてもらったように、今度は僕が助ける番です。

勇気を持って、その扉を開いてください。

終わりに

本書を最後までお読みいただき、誠にありがとうございました。

今までにあまたの「風俗・デリヘル開業本」が出版されてきましたが、『ぽちゃ専門FCデリの開業本』はおそらく本書が初めてではないでしょうか。

2020年のコロナ禍において、「老後2000万円問題・AIによるリストラ・増税でも給料上がらず・富裕層と貧困層の2極化」などの将来の漠然とした不安があるサラリーマン、自営業の方に本書を通じて『ぽちゃデリ経営で年収1000万の人生』を選択肢の1つに加えて欲しく本書を執筆しました。

私は風俗業の経営をスタートしたのが新橋で2005年。素人専門・高級ドレスに挑戦。

ぽちゃ専門店「ちゃんこ」を渋谷でスタートしたのが2010年。フランチャイズ開始が2012年。ぽちゃ専門店「ちゃんこ」をやりつつ、本書では触れてはいないですが、女子大生専門・人妻・強制2回戦・パンスト破り専門店と様々なコンセプト店も挑戦。

結果、ぽちゃデリが『キャスト供給・リピーターの獲得・売上』この3つの安定の抜群さが僕の中で直接の店舗経営は辞め、『FC展開への考え・僕の他者への奉仕の喜び』にシフトさせ、風俗人生約15年分のマニュアルを精査・構築し書ききれない所もございますが、本書でできる限り紹介させていただきました。

デリヘルの経営を始めるというだけでも、ましてや、ぽちゃ専門店をやる。なんてさらに他人に言いづらいと思います。さらに「いい女を揃えたデリヘル、ではなくあえてぽちゃ専門店」を選択するいうことは地方に行けば行くほど、ほぼいない状態、まさに「ブルーオーシャン」なのです。

『風俗業界への世間体』や『脱サラへの家族の反応』などの葛藤があると思いますが一歩勇気を出して進んでみてください。成長産業である「ぽちゃデリ」が貴方にとって素晴らしい成功となる事を『130店舗以上を成功に導いた私』がお手伝いします。

本書でも触れていますが、私には夢と目標があります。「ぽちゃデリの全国制覇」。「風俗業界の全体の地位向上」。「キャストさんのその後のサポート」。「そして全国FCオーナーさんとの未来のある交流」です。

これに共感でき、共に高め合えながら成長できる方との出逢いを心よりをお持ちしてます。

この本の出版にあたり、過去・現在・未来について深く考える機会が出来ました。今の自分がいるのも私を信じてくれた加盟FCオーナー様・家族や友人・スタッフ、皆さまのおかげです。心より感謝いたします。

次回作「ちゃんこ全国制覇までの道のり」でお会いできるのを楽しみにしております www

ちゃんこ＠ナベオ（ちゃんこ なべお）

全国に 130 店舗 (2023 年 3 月現在) を展開する「ぽっちゃりデリヘル」のフランチャイズ『ちゃんこ FC グループ』代表。1982 年、愛知県名古屋市生まれ。小学校高学年のころから不仲だった両親が、中学生の時に離婚。母に引き取られ、団地に引っ越す。友人に医者や社長の息子が多く、劣等感にさいなまれる。父に引き取られた兄が、水商売を始めて成功、兄から水商売を教わる。

高校を中退し 17 歳で土木作業、水商売（接客系）を始める。21 歳で上京。

2005 年夏、23 歳で初めて、「スタンダードな素人専門ホテヘル」を新橋に開店し、初月から黒字化に成功。2019 年、YouTube「フランチャイズチャンネル」にゲスト出演したことで FC の開業スピードが加速。「ミリオンジョブ」「フーコム」などのメディアの取材も受ける。

2019 年 26 店舗から現在 130 店舗まで増やしている。

https://fc.love-chanko.com

【執筆協力】行政書士法人ＬＩＮＸ　行政書士　沓間智彦

〒 101-0042

東京都千代田区神田東松下町２８番地エクセル神田５階

TEL:03-3768-0089

FAX:03-3768-0489

http://www.linx-al.net/

【出版プロデュース】㈱天才工場　吉田浩

【編集協力】潮凪洋介 廣田祥吾

年収《ねんしゅう》840万円《まんえん》とか1000万円《まんえん》を稼《かせ》ぐ、風俗起業《ふうぞくきぎょう》マニュアル

2021年3月12日　初版発行
2023年4月27日　3刷発行

著者　ちゃんこ@ナベオ《ちゃんこナベオ》
発行者　和田智明
発行所　株式会社 ぱる出版
〒160-0011　東京都新宿区若葉1-9-16
03(3353)2835—代表　03(3353)2826—FAX
03(3353)3679—編集
振替　東京　00100-3-131586
印刷・製本　中央精版印刷(株)

ISBN978-4-8272-1268-6　C0034